Kochen mit Wilhelm Busch

Ulrich Gehre · Ernst-August Gehrke

Kochen mit Wilhelm Busch

Ein literarisches Kochbuch

ƎⳐ SCHNELL Warendorf

SCHNELL Buch & Druck
Warendorfer Lieblingsbücher

Impressum

Ulrich Gehre · Ernst-August Gehrke

Kochen mit Wilhelm Busch
Ein literarisches Kochbuch

© Verlag SCHNELL Buch & Druck GmbH & Co. KG
Oststraße 24 · 48231 Warendorf

Herstellung
SCHNELL Buch & Druck GmbH
Waterstroate 16 · 48231 Warendorf

Warendorf, 1997

ISBN 3-87716-855-8

Inhaltsverzeichnis

Vorwort   8
„Regiere mild und koche gut"
Kartoffeln, Gemüse, Brot   10
Gehobelter Weißkohl mit Tomaten-Basilikum-
Vinaigrette   16
Feldsalat mit Kartoffel-Speckdressing   17
„Intim" mit Kohl und Gurke
Der Gemüsegärtner Wilhelm Busch   18
Schaumburger Ziegenquark in der Pellkartoffel
mit Speckstippe   22
Schmorgurkensuppe mit Steinhuder Rauchaal   23
Schaumburger Milchzicklein auf Birnen, Bohnen
und Speck mit Stippssauce   24
„Es schwant mir was, mir ist so wohl,
Gibt's heute mittag Sauerkohl?"
Das walte die gute Witwe Bolte   26
Kohlsuppe   29
Sauerkrautauflauf mit Ferkelrücken
und Schinkensauce   30
Sauerkrautsuppe mit gebratener Rotwurst   32
„Die Käthe hat den Fritz geküßt,
worauf sie eine Birne ißt"
Obsternte im Garten   33
Halbgefrorenes von Gartenpflaumen   37
Himmel & Erde mit Majoran-Zwiebeln
und gebratener Rotwurst   38
Mousse von Holunderbeeren auf Sektsauce   39
„Eins, zwei, drei - eh' man's gedacht
Sind zwei Brote draus gemacht"
Am liebsten mit Gänseschmalz und Wurst   40
Aufgeschlagener Gänseflomen mit Rosmarin   44
Apfel-Brotpudding mit Stippsmousse   45
„Es blüht die Wurst nur kurze Zeit"
Nahrhaftes aus der Heimat von Wilhelm Busch   46
Geschmelzte Rotwurstknödel   54

„Und sieh, in frommen Händen hält se
Die wohlgeratne Butterwälze"
Brotaufstrich und Kunstgebilde   55
Ziegenquark-Soufflé   59
„Sie besorgt die Abendsuppe
Still und sorgsam und geschwind"
Auch mit Wursteinlage sehr beliebt   60
Bärlauchsuppe mit Lammsalami   63
Steckrübenbouillon mit Rotwurstravioli   64
„Weil man, wenn der Abend naht,
Dann sogleich was Warmes hat."
Frikadellen, wenn's denn unbedingt sein muß   66
Erbsenpüree mit Speck   70
Wirsingblätter mit Pfifferlingen gefüllt   71
Mufflonrücken mit Waldpilzen gefüllt
auf Linsen-Lauchgemüse   72
„Es wird mit Recht ein guter Braten
Gerechnet zu den guten Taten"
Von Koteletts, Kalbsrippchen und Rehrücken   74
Hasenrücken mit Essigpflaumen und Rahmwirsing   76
Stubenküken mit Rosenkohlblättern belegt auf Pilzen   77
„Mancher gibt sich viele Müh'
Mit dem lieben Federvieh"
Im Hühnerhof von Wiedensahl und Mechtshausen   78
Hähnchenbrust auf Kürbissauerkraut
mit geräucherter Kartoffelsauce   90
Taubenbrust mit Ravioli von eigenen Innereien   91
„Das weiß ein jeder, wer's auch sei,
Gesund und stärkend ist das Ei"
Aber: wer Eier legen will, braucht Seelenruhe   92
Pflaumenkuchentorte mit Waldpilzen   100
Erdbeer-Joghurtkrem   101
Buttermilchmousse im geschichteten Eierkuchenmantel
mit Piment-Backpflaumen   102
Erdbeer-Rhabarber-Kompott mit Grießknödel   104
„Denn Spargel, Schinken, Koteletts
Sind doch mitunter auch was Nett's"
Aus Anbaugebieten bei Hannover und Braunschweig   105
Parfait von frischem Spargel   107

„Und emsig setzt er sich zu Tische,
Denn heute gibt's Salat und Fische"
Süß- und Salzwasserköstlichkeiten   108
Überkrusteter Kabeljau
mit Steinhuder Schmoraalsauce   *115*
Mousse von geräucherten Forellen   *116*
Terrine von Boddermelkanballersse
mit Piment gebeiztem Lachs   *117*
Wiedensahler Häringskartoffeln   *118*
„Pudding," sprach er, „ist mein Bestes"
Allerlei Leckereien zum guten Schluß   119
Brombeer-Quarktorte   *126*
Halbgefrorenes von Salbeihonig mit Erdbeeren   *127*
„Aber schon mit viel Vergnügen
Sehen sie die Brezeln liegen"
Beliebtes Knabbergebäck, süß oder salzig   128
Apfelkuchen mit Wein-Pudding   *139*
Marzipan-Pflaumenkuchen   *140*
Lob des singenden Kaffeekessels
Anregendes und Aufmunterndes
bei allerlei Gelegenheiten   141
„Rotwein ist für alte Knaben
Eine von den besten Gaben"
Ein Lob des Pfälzers und anderer Provenienzen   144
Sauerbraten von der Hirschkeule
mit Rotwein-Rosinensauce   *148*
Busch-Biografie in Stichworten   *152*
Literatur   *154*
Rezeptregister   *155*

Vorwort

Auf dem Titel unseres Wilhelm-Busch-Kochbuches trägt die Witwe Bolte, der die bösen Buben Max und Moritz in Wilhelm Buschs berühmtester Bildergeschichte zwei Streiche lang arg zusetzen, mit sichtlicher Vorfreude auf den kommenden Genuß den Teller in den Keller, „Daß sie von dem Sauerkohle / Eine Portion sich hole / Wofür sie besonders schwärmt / Wenn er wieder aufgewärmt": Ein für Wilhelm Buschs persönlichen kulinarischen Geschmack bezeichnendes Bild. Nicht irgendwelche exotischen Leckereien oder sonstwie exquisite Speisefolgen hatten es dem bodenständigen Niedersachsen angetan, sondern vielmehr solide Hausmannskost,wie er sie von seinen Kindertagen im Wiedensahler Elternhaus an gewohnt war. Dabei kam es unserem Dichter und Zeichner nicht auf das „Was" an, sondern auf das „Wie" der jeweiligen Zubereitung. Nicht etwas besonders Gutes, sondern gut zubereitete Kost, etwas „mit Liebe Gekochtes" wünschte er sich auf dem Speisezettel.

Sein gutbürgerlicher Geschmack schloß indessen gelegentliche Ausflüge in die höheren Regionen der Kochkunst keineswegs aus. Und so bekannte er in einem Brief an Nanda Keßler in Frankfurt:

„Denn wenn ich auch, im gewöhnlichen Laufe der Tage, schlichtweg zu eßen liebe, bin ich doch nicht so hartmäulig, um ungewöhnlich Gutes nicht schätzen zu können, oder so bescheiden, daß ich mich für das Beste nicht gut genug hielte. Aber oft dergleichen, wär mir zuwider, wenn ich's auch haben könnte, ohne mir Mühe zu geben." (22. 12. 1897)

Diese geschmackliche Doppelgleisigkeit veranlaßte uns, Leben und Werk des Menschen und Künstlers Wilhelm Busch einmal unter den speziellen Aspekten von Küche und Keller durchzusehen. Dabei tat uns neben Bildern, Rezepten, Gedichten, Bildergeschichten und Gesprächsnotizen vor allem die „versonnene und doch anschauliche Artistik der Briefe" gute Dienste, von denen rund 1600 postum veröffentlicht worden sind.

„Wir sind durch dieses Öffnen der Schubladen ihm menschlich viel nähergekommen," buchte schon der große Busch-Kenner und -Verehrer Professor Theodor Heuss in einem vielbeachteten Essay den Gewinn einer solchen Entdeckungsreise.

Wir wollten es jedoch nicht allein bei der literarischen Aufbereitung des Stoffes belassen, sondern unsere Leser einladen, ein wenig in die Busch'sche Küche hineinzuschnuppern, nachzubereiten, was seine Verwandten und Haushälterinnen ihm vorgekocht hatten.

In diesem Bemühen wurde uns fachkundige Hilfe zuteil. Umrahmt von der malerischen Kulisse des Schaumburger Waldes mit den Ausläufern der Weserberge, liegt im Bad Nenndorfer Ortsteil Riepen das Schmiedegasthaus Gehrke. Hier, nur knapp zwanzig Kilometer östlich von Wilhelm Buschs Geburtsort Wiedensahl, pflegen die Brüder Gehrke eine mit Lob und Tester-Sternen vielfach ausgezeichnete Gourmet-Küche, die Ausgefallenes mit dem Landesüblichen geschickt vereint.

Ausgesuchte Gerichte, auch solche aus Omas Kochbuch, sowie die alljährlich im März stattfindenden Wilhelm-Busch-Wochen erfreuen sich ebenso regen Zuspruchs wie ihr „Kulinarisches Wochenende" à la Wilhelm Busch.

Wir haben uns mit den findigen niedersächsischen Kochkünstlern zusammengetan, um nach Buschs Motto „Lieber ein bissel zu gut gegessen, als wie zu erbärmlich getrunken" dieses Lese- und Kochbuch in der Reihe der „Literarischen Kochbücher" aus dem Warendorfer SCHNELL-Verlag auf den Weg zu bringen.

Wohl bekomm's!

Die im literarischen Teil *kursiv* gesetzten Gerichte erscheinen ausführlich mit Rezeptur und Zubereitungshinweisen jeweils auf den folgenden Seiten. Die Rezepturen sind für vier Portionen erstellt.

„Regiere mild und koche gut"

Kartoffeln, Gemüse, Brot

In der Erkenntnis „Ach, wie bald verläßt der Friede den häuslichen Herd, wenn er an maßgebender Stelle keine kulinarischen Genüsse vorfindet" (Eduards Traum) spielte die Kochkunst im Leben Wilhelm Buschs stets eine wichtige Rolle. Zwar gibt es keinerlei Hinweise, daß er selbst irgendwann und -wo höchstpersönlich den Kochlöffel geschwungen habe. Doch mehrfach lobte er seine Haushälterin Marie Euler, die ihn in seinem zeitweiligen Frankfurter Domizil an der Bockenheimer Straße / Ecke Wiesenau in den siebziger Jahren bekochte:

„Die Mary kocht unter Fr. Keßlers Anleitung zu meiner vollen Zufriedenheit. Was die Kostspieligkeit anlangt, so wird darüber Buch geführt; ich hoffe, das Resultat wird nicht ungünstig ausfallen. Heute habe ich *weißen Kohl mit Speck* und abgekochten Kartoffeln gegessen.Wirklich recht brav!" schrieb Busch am 6.9.1871 an seine Schwägerin Johanne Busch geb. Fuhlhage in Wiedensahl.

Die Frankfurter Köchin bot offenbar ein gleichbleibend gutes Niveau der von ihr zubereiteten Speisen, denn auch ein weiterer Brief an Johanne Busch ist voller Anerkennung „Die Küchenangelegenheiten stehen in sofern gut, als die Mary vorzüglich kocht, aber - aber - es schmeckt mir doch nicht so gut, wie in Wiedensahl. Ob ich nun zu wenig Bewegung habe, ob es das Alleinsein macht - ich weiß nicht - kurz! ich habe keinen Appetit." (19.11.1871)

Später wünschte Wilhelm Busch seinen Frankfurter Freunden, der Familie Keßler, Glück mit Maries kochender Nachfolgerin: „... ein culinarischer Wunsch, so selbstlos, wie Wünsche nur sein können." (3.7.1892)

Zufrieden berichtete er seiner Nichte Grete Thomsen geb. Meyer in Münster am 25.3.1900: „Zu Mittag gabs gebratene Fleischklöße und Kartoffelbrei und hinterher weißen Pudding mit rother Tunke. Und alles wirklich lobenswerth. Demnach bin ich doch nicht so verlaßen, wie ich vorher gefürchtet hatte (d.h. vor der Übersiedlung 1898 nach Mechtshausen. Der Verf.)."

Vorerst aber, im heimatlichen Wiedensahl, wo Wilhelm Busch am 15.4.1832 als erstes von sieben Kindern des Dorfkrämers Johann Friedrich Busch und seiner Ehefrau Henriette Dorothee Charlotte geb. Kleine geboren ist, war kein Platz für einen feinzüngigen Gastro-Kritiker. Da wurde gegessen, was auf den Tisch kam: ländliche Kost zumeist, in der Kartoffeln, Gemüse und Brot die Grundlage bildeten.

"Wir lebten in einem kleinen Überfluß, zu essen gab's genug, und wenn gespart wurde, so geschah's für die Zukunft der Kinder," bekannte Wilhelm Busch in einem Nachtrag zur Selbstbiographie "Von mir über mich".

Dieser bescheidene Wohlstand widersprach der Behauptung des ersten Busch-Biographen Eduard Daelen, die Familie habe sich großer Bescheidenheit befleißigen müssen, ganz entschieden.

Mit dem Hausgesinde, "wie es guten Freunden geziemt", nahm man am selben Tisch die Morgenmahlzeit ein. Gleichwohl war die Tafel, wenn man sie denn überhaupt so nennen durfte, im Elternhaus sparsam gedeckt:

"In Wiedensahl hatten wir in den Stuben meistens Klapptische, die an der Wand hochgeklappt wurden; dann gab's am Abend Platz für die Spinnerinnen. Und wie einfach ging's her. Mitten stand die Pfanne auf dem Holzteller mit der Stütze für den Stiel. Daneben lag ein großer Haufen Kartoffeln auf dem blankgescheuerten Tisch; dann langten sie zu und tunkten jeder seine Kartoffel in das Pannenstippelse.* Was will man mehr, wenn man ordentlichen Appetit hat. Sein Klappmesser hatte jeder in der Tasche; ein Holzlöffel steckte für jeden unter der Tischkante, der gut abgeleckt wieder weggesteckt wurde. Nur wenn's mal ganz was „Schieteriges" gab, wurde er aufgewaschen."

Nicht lange währte das auf diese Weise beschriebene Idyll der Wiedensahler Kindertage. Als Wilhelm Busch gerade neun Jahre alt war, trat man mit Pferd und Wagen die damals noch beschwerliche Reise nach Ebergötzen bei Göttingen an. Zweimal mußte die Wiedensahler Reisegruppe bei Verwandten übernachten, ehe das Ziel erreicht war.

*) ausgelassener Speck mit Zwiebeln

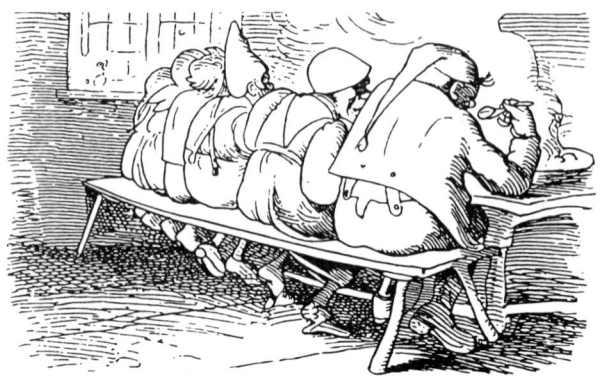

Bäuerlich-deftig ging's zu bei Tisch im alten Wiedensahl

Dort überließen die Eltern Busch die künftige Erziehung ihres Sohnes Wilhelm dem Pastor Georg Kleine, einem Bruder der Mutter : „Der Onkel war ein stattlicher Mann, ein ruhiger Naturbeobachter und äußerst milde... Gleich am Tage der Ankunft schloß ich Freundschaft mit dem Sohne des Müllers. Sie ist von Dauer gewesen." („Was mich betrifft")

Als der Onkel, der ein anerkannter Bienenfachmann war und auch als solcher Einfluß auf Wilhelm Busch ausübte, in die besser dotierte Pfarrstelle nach Lüthorst im Solling wechselte, hieß es Abschied nehmen vom Kindheitsparadies Ebergötzen.

Nach nur kurzzeitigem Intermezzo in Lüthorst, wo der Ziehsohn auch konfirmiert wurde, bezog Wilhelm Busch schließlich, „ausgerüstet mit einem Sonett nebst zweifelhafter Kenntnis der Grundrechnungsarten", auf Wunsch des Vaters die Polytechnische Schule Hannover. Dort begann er ein technisches Studium, erkämpfte sich im Revolutionsjahr 1848 als Mitglied des studentischen Hilfskorps „die bislang noch nicht geschätzten Rechte des Rauchens und des Biertrinkens." Trotz guter Leistungen - eine 1 in Mathematik! - verließ er nach dreieinhalb Jahren die Hochschule, um, wie die Matrikel vermerkt, „in Düsseldorf Maler zu werden."

Allein es hielt ihn nicht lange in der rheinischen Kunststadt. Wilhelm Busch zog weiter nach Antwerpen. Weniger seine dortigen Malstudien als vielmehr die Begegnung mit der Malerei der alten Niederländer prägten den jungen Kunstadepten nachhaltig:

„In Antwerpen sah ich zum erstenmal im Leben die Werke alter Meister: Rubens, Brouwer, Teniers; später Frans Hals. Ihre göttliche Leichtigkeit der Darstellung, die nicht patzt und kratzt und schabt, diese Unbefangenheit eines guten Gewissens, welches nichts zu vertuschen braucht, dabei der stoffliche Reiz eines schimmernden Juwels, haben für immer meine Liebe und Bewunderung gewonnen; und gern verzeih ich's ihnen, daß sie mich zu sehr geduckt haben, als daß ich's je recht gewagt hätte, mein Brot mit Malen zu verdienen, wie manch anderer auch." („Was mich betrifft")

Frustriert über den dreimaligen beruflichen Fehlstart, kehrte Busch wieder ins heimatliche Wiedensahl zurück. Dabei vermerkte er jedoch ausdrücklich, seine getreuen Antwerpener Wirtsleute Jan und Mie hätten ihm zum Abschied „eine warme Jacke und drei Orangen" mit auf den Heimweg gegeben.

Auch wenn es den rastlosen Kunstjünger zwischenzeitlich nach München und Frankfurt verschlug und man ihn, zumeist auf Verwandtenbesuch, kreuz und quer durch Norddeutschland reisen sah, sein Heimatdörfchen blieb für ihn fortan der ruhende Pol in der Erscheinungen Flucht, wo er ungestört schaffen konnte.

Denn längst war Wilhelm Busch ein gefragter Illustrator geworden. Als Mitglied in der frohen Geselligkeit des Künstlervereins Jung-München (ab 1858) und später „Allotria" knüpfte er Freundschaftsbande zu Persönlichkeiten, die damals das kulturelle Leben in der Bayern-Metropole entscheidend beeinflußten: Franz von Lenbach, Wilhelm von Kaulbach, Lorenz Gedon, Hermann Levi.

Einer aber aus diesem Kreis hatte es verstanden, sich die damals noch weithin brachliegenden Talente Wilhelm Buschs für seine Zwecke nutzbar zu machen: Caspar Braun, Herausgeber der satirischen Zeitschriften „Fliegende Blätter" und „Münchener Bilderbogen". Brauns Aufträge brachten

Wilhelm Busch: „Herbstlandschaft mit Windmühle und rotem Haus" Hannover, Nieders. Landesgalerie

den immer noch suchenden Kunstjünger endlich auf die richtige Spur. Als freier Mitarbeiter verdiente der fleißige Niedersachse, der mehr und mehr auf elterliche Zuschüsse verzichten mußte, erste zunächst noch bescheidene Honorare. 1865 gelang ihm jedoch der Durchbruch mit „Max und Moritz", der inzwischen weltbekannten Bubengeschichte in sieben Streichen.

Nachdem der Dresdner Verleger Heinrich Richter, dem das Manuskript zunächst angeboten worden war, abgelehnt hatte, diente es Busch seinem Vereinskollegen Caspar Braun in München an: „Ich schicke Ihnen nun hier die Geschichte von Max und Moritz, die ich mit Nutz zum eigenen Pläsier auch gar schön in Farben gesetzt habe, mit der Bitte, das Ding recht freundlich in die Hand zu nehmen und hin und wieder ein wenig zu lächeln. Ich habe mir gedacht, es ließe sich eine Art kleiner Kinder-Epopoë vielleicht für einige Nummern der Fliegenden Blätter und mit entsprechender Textänderung auch für die Bilderbogen verwenden."

Max und Moritz, Titelbild

Im Gegensatz zu Richter erkannte Caspar Braun die einmalige Chance. Er griff zu und erzielte mit „Max und Moritz" einen so großen Erfolg, daß schon 1910 mehr als 500.000 Exemplare, bis heute dagegen viele Millionen verkauft worden sind und über 130 Übersetzungen, Übertragungen und Nachdichtungen der Bildergeschichte vorliegen.

Die weitaus meisten der in der Nachfolge dieses Bestsellers erschienenen Bildergeschichten entstanden in der stillen Klausur Wiedensahls, „weit draußen in der Vorstadt der großen Welt": Die fromme Helene (1872), Bilder zur Jobsiade (1872), die Knopp-Trilogie (1875/76), Fipps der Affe (1879), Plisch und Plum (1882), Balduin Bählamm, der verhinderte Dichter (1883) und Maler Klecksel (1884).

Wilhelm Busch hatte nach dem Tod der Eltern zunächst in seinem Geburtshaus bei seinem Bruder Adolf und dessen Ehefrau Johanne gelebt, dann jedoch, als ihr Zusammenleben immer schwieriger wurde, ab 1872 im Haushalt seiner Schwester Fanny, die mit dem Wiedensahler Dorfpfarrer Hermann Nöldeke in dessen zweiter Ehe verheiratet war. Nach Nöldekes Tod bezog Busch mit seiner Schwester und den Kindern, deren Erziehung inzwischen der Onkel übernommen hatte, nach gründlicher Renovierung das Wiedensahler Pfarrwitwenhaus. In diesen Jahren heimatlicher Geborgenheit sprudeln nun die Quellen, die unser Thema speisen können, reichlicher.

GEHOBELTER WEISSKOHL MIT TOMATEN-BASILIKUM-VINAIGRETTE

2 Entenbrüste à 200 g
250 g Weißkohl
1 Bund Basilikum
4 reife Tomaten
Weißweinessig
Olivenöl
Salz
Pfeffer
Zucker

✳

Bei den Tomaten die Blüte entfernen und für 10 Sekunden
in kochendes Wasser halten, danach kalt abspülen. Die
Haut abziehen, vierteln, das Innere entfernen und die
Tomaten würfeln. Das Basilikum waschen und in Streifen
schneiden. Aus dem Essig, Olivenöl und den Gewürzen die
Marinade herstellen und die Tomatenwürfel mit dem
Basilikum dazugeben.

✳

Den Weißkohl mit der Aufschnittmaschine in dünne
Streifen schneiden, auf Teller verteilen und mit der Vinaigrette beträufeln.

✳

Die Entenbrüste würzen, anbraten und im Backofen bei
180°C ca. 8 Minuten garen. Danach 3 Minuten ruhen
lassen, in dünne Scheiben schneiden und auf dem Salat
verteilen.

FELDSALAT MIT KARTOFFEL-SPECKDRESSING

50 g geräucherter Bauchspeck
100 g Zwiebelwürfel
50 ml Öl
0, 2 l Hühnerbrühe
150 g Kartoffeln
Weißweinessig
300 g Feldsalat

✱

Die Kartoffeln in Salzwasser garen.

✱

Den gewürfelten Bauchspeck mit den Zwiebelwürfeln in dem
Öl anbraten. Mit etwas Weißweinessig ablöschen und mit der
Hühnerbrühe auffüllen, aufkochen und vom Feuer nehmen.
Die Kartoffeln durch eine Kartoffelpresse drücken und dem
Speckfond zugeben, umrühren und abschmecken.

✱

Den Feldsalat waschen, auf Teller anrichten und mit dem noch
lauwarmen Kartoffel-Speckdressing übergießen.

„Intim" mit Kohl und Gurke

Der Gemüsegärtner Wilhelm Busch

Eifrig betätigte Wilhelm Busch sich in jenen Jahren höchster persönlicher Zufriedenheit mit den, wie er sie nannte, Vegetabilien und schaffte eigenhändig im Garten.

„Auch ich war immer daheim, grub, krautete, stocherte, handhabte die Gießkanne, besah alles, was wuchs, tagtäglich genau und bin daher mit jeder Rose, mit jedem Kohlkopf, mit jeder Gurke intim bekannt geworden. Eine etwas beschränkte Welt, so scheint's. Und doch, wenn man's recht erwägt, ist all das Zeugs, von dem jedes einzelne unendlich und unergründlich ist, nicht weniger bemerkenswerth, als Alpen und Meer, als Japan und China." (An Johanna Keßler, 30.7.1896)

Das war die Zeit, während der Wilhelm Busch in vielen Briefen und Gesprächen ausführlich vom Wachsen und Gedeihen des Gartengrüns, aber auch von gärtnerischer Mühsal und handfesten Mißerfolgen des Anbaus berichtete.

Großen Wert legte er selbst auf schmackhafte Kartoffeln, für deren Anbau sich der Boden in der Gegend von Wiedensahl gut eignete. „Die Tastenmäuse (d.s. Frühkartoffeln) sind vorige Woche gepflanzt," schrieb er im Mai 1895 erfreut an Hermann Nöldeke und versäumt nicht, in seiner Korrespondenz mit Verwandten und Freunden stets getreu Rechenschaft zu geben: „Die Kartoffeln schmecken heuer vorzüglich", „Letzte Kartoffeln besser als die ersten", oder „Nur die Kartoffeln, die anfangs so trefflich schmeckten, fangen an, bedenklich faul zu werden." Oder er denkt vorausschauend an den „fleischlichen" Nebenzweck der Kartoffeln im Brief an Johanna Keßler: „Die für Menschen und Schweinchen so wichtige Kartoffelernte hat längst begonnen. Schon zieht der Dampf der Laubfeuer weit über die Gegend hin." (25.9.1901)

Über ein im wahrsten Sinn des Wortes „heißes" Pellkartof-
fel-Abenteuer erfahren wir in der Prosaerzählung „Der
Schmetterling" (1894):

„Abends kehrten wir in dem Nazi seine Höhle zurück, wo wir
uns die Nacht und den folgenden Tag der Ruhe, der stillen
Betrachtung und dem Genuß unserer Vorräte widmeten.
Als Brot und Wurst zu Ende waren, suchten wir wiederum
eine Stätte auf, die von Wesen bewohnt wurde, welche kochen. Wir traten durch die Hintertür in eine Küche. Die Köchin
war nicht zugegen. Zwei Töpfe dampften auf dem Herde. Der
Nazi hob die Deckel auf. In dem einen brodelten Pellkartoffeln, in dem andern, zärtlich zu Pärchen verknüpft, ein
Dutzend Paar Bratwürste. Der Nazi, gewandt und kurz entschlossen, gabelte sie auf seinen Stecken.
,Besorg du die Kartoffeln! Schnell!' rief er mir zu und war
schon zur Tür hinaus.
Nebenan im Keller hustete wer. Ohne mich lange zu be-
sinnen, ergriff ich mit jeder Hand ein paar der dicksten
Kartoffeln und lief gleichfalls hinaus. Sie waren glühend
heiß; im Stich lassen wollt ich sie nicht; in meiner Verwirrung
und ängstlichen Eile steck ich sie in die Hosentaschen. Hier
war der Teufel los. Ich fing an zu klopfen. Aber jetzt, als die
Knollenfrüchte zerplatzten, kam ihre Höllenhitze erst recht
zur vollen Entwicklung. Ich lief immer schneller und stieß
dabei durchdringende Schmerzenslaute aus. Der Nazi, mit
seinem Stecken voller Würste, sah sich nicht um. Schließlich
gelangten wir an einen Bach. Ich nahm ein Sitzbad bis unter
die Arme, meine Schmerzen und Klagen besänftigten sich.
Unterdes ließ sich mein Freund am Ufer nieder und aß recht
gemütlich. Er meinte, es machte sich hübsch, wie ich so
dasäße, und sei sehr gesund, und ich sollte nur sitzen-
bleiben, bis er fertig wäre. Dies gab mir Veranlassung, meine
Badekur schleunigst zu unterbrechen, und das war gut,
denn als ich ans Land stieg, waren nur noch drei Paar Würstel
vorhanden, an denen ich mich beteiligen konnte."
Der Vollständigkeit halber sei in diesem Zusammenhang
auch auf eine Variante der Kartoffelspeise, die man in Buschs
Heimat als Mittags- oder Abendmahlzeit in Form von *Salz-
kartoffeln, Pell- oder Bratkartoffeln, als Kartoffelbrei oder*

Kartoffelpuffer zubereitete, hingewiesen: auf die Klöße. Busch hatte die auch Knödel genannte Speisenbeilage, die man in Norddeutschland ebenso wie in Bayern gern zum saftigen Schweinebraten serviert, in seinen Münchener Jahren kennengelernt und in der Bildergeschichte „Der Bauer und sein Schwein" als ländliches Mahl zitiert.

Des Wirtes Nachbar und sein Sohn,
Die warten auf die Knödel schon.

Schlichte bäuerlich-bürgerliche Gerichte und einfache Eintopfspeisen, zu denen der häusliche Garten in reichem Maß das selbstgezogene Gemüse lieferte, standen immer wieder auf dem Speisezettel der Familie.

Liebevoll berichtet und beobachtet der fleißige Gartenvater vom Werden und Wachsen des *Spinats,* freut sich, wenn Erbsen und Kohlrabi - „salpetert und begoßen" - ebenso gut gedeihen wie die „unterweltlichen Moorrüben". Spargel aus eigener Ernte wird dagegen nur selten erwähnt.

Bohnen, die in der Busch'schen Kindheit auch eingekocht wurden, sind fester Bestandteil der Wiedensahler Küche: „Bohnen giebt's viel, einen um den andern Tag eßen wir welche, abwechselnd mit Gurken, die wahrscheinlich schnell wachsen und dick werden. Anna macht sich als Haushälterin sehr geschickt und angenehm. Jeden Nachmittag und Abend sitzt sie jetzt und schnippelt." (An Otto Nöldeke, 11.8.1897) Besondere Sorgfalt ließ der Gärtner Wilhelm Busch den *Gurken* angedeihen. So erfährt Hermann Nöldeke: „Für die Gurken zog ich bereits einen Graben und ließ alten Dünger hinein bringen!". Kein Wunder, daß er bei derart sorgsamer Pflege seiner Nichte Grete Meyer in Münster am 2.8.1897 stolz berichten kann: „Im Garten drängt alles der Reife entgegen. Eine Gurke war fast ebenso dick, wie die dickste auf Euren Markt unter den Bogen" (d.h. am Prinzipalmarkt in Münster. Der Verf.). Dabei pflegte man in Wiedensahl die Gurken zu „stiefeln", das heißt, sie erhielten Stützen aus trockenem Holz, an denen sie sich emporranken konnten.

SCHAUMBURGER ZIEGENQUARK IN DER PELLKARTOFFEL MIT SPECKSTIPPE

240 g Ziegenquark
1 kleines Bund Schnittlauch
2 Tomaten
1 kleine Zwiebel
Salz
Pfeffer
4 mittlere Kartoffeln
100 g Speck

*

Tomaten mit kochendem Wasser überbrühen, abziehen und in Würfel schneiden. Die Zwiebel würfeln, Schnittlauch in Ringe schneiden und alles mit dem Ziegenquark vermengen, abschmecken. Kartoffeln abkochen, pellen, dann aushöhlen und warmstellen, Speck würfeln, ausbraten und die in Würfel geschnittene Zwiebel dazugeben.

*

Den Ziegenquark in die Pellkartoffeln füllen, auf Teller setzen und mit der Speckstippe übergießen. Mit marinierten Gartensalaten und Kräutern garnieren.

SCHMORGURKENSUPPE
MIT STEINHUDER RAUCHAAL

250 g Rauchaal
$3/4$ l Fischfond oder Wasser
600 g Schmorgurken
100 g Schalottenwürfel
3 Eßlöffel Olivenöl
1 Knoblauchzehe
50 g Butter
0,1 l Sahne
Salz
Pfeffer
Dill

*

Den Rauchaal entgräten und das Aalfleisch würfeln. Die
Gräten mit den Schalottenwürfeln in Olivenöl anschwitzen,
den Knoblauch und die in Scheiben geschnittenen Gurken
dazu und mit dem Fischfond auffüllen, 20 Minuten garen.
Jetzt die Rauchaalgräten entfernen, die Suppe pürieren
und passieren. Die Schmorgurkensuppe mit der Sahne
verfeinern, abschmecken und die kalten Butterstückchen
einrühren. Die Rauchaalwürfel mit Gurkenscheiben und
gehacktem Dill in tiefen Tellern anrichten und mit der
Schmorgurkensuppe übergießen.

SCHAUMBURGER MILCHZICKLEIN

AUF BIRNEN, BOHNEN UND SPECK MIT STIPPSSAUCE

1 Kotelettstrang (Carré) vom Milchzicklein
1 Keule vom Milchzicklein
Salz
Pfeffer
3 Eßlöffel Olivenöl
200 g Röstgemüse (Möhren und Sellerie)
1 Eßlöffel Tomatenmark
1 Knoblauchzehe
1 Rosmarinzweig
2 Eßlöffel Stipps
$1/4$ l Rotwein
4 Eßlöffel Balsamicoessig
1 l Ziegenjus

✳

Birnen, Bohnen und Speck
300 g Dicke Bohnen
300 g Buschbohnen
70 g Speckwürfel
40 g Zwiebelwürfel
50 g Butter
2 große Birnen
0,11 l Rinderbrühe

✳

Milchzicklein
Die Rippen vom Rücken sauber putzen. Die Keule, ohne
Knochen, binden. Beides würzen und in dem Olivenöl scharf
anbraten. Das Fleisch herausnehmen und das Röstgemüse
zufügen und bräunen. Das Tomatenmark mitrösten und mit

dem Rotwein und Essig ablöschen. Knoblauch, Rosmarin und Stipps zugeben und mit der Ziegenjus auffüllen. Nun die Keule beilegen und ca. 45 Minuten im Ofen bei 200° C garen. Den Rücken im Ofen ca. 15 Minuten garen. Das fertige Fleisch herausnehmen und warmstellen. Die Sauce passieren, evt. etwas reduzieren und abschmecken.

*

Birnen, Bohnen und Speck
Die Bohnen putzen und in Salzwasser garen, in kaltem Wasser abschrecken, ebenso mit den Dicken Bohnen verfahren. Die Dicken Bohnen jetzt aus den Hülsen drücken. Speck und Zwiebeln in der Butter anschwitzen. Die geschälten und in Würfel geschnittenen Birnen dazugeben, mit etwas Brühe auffüllen, Bohnen dazu und abschmecken.

*

Birnen, Bohnen und Speck auf Teller anrichten, den Zickleinrücken und die Keulenscheiben darauf anrichten. Mit Sauce umgießen und Nocken von Rosmarin-Kartoffelpüree abstechen.

„Es schwant mir was, mir ist so wohl,
Gibt's heute mittag Sauerkohl?"

Das walte die gute Witwe Bolte

Unter allen Kohlgerichten fand das Gemüse in seiner beliebten Zubereitung als *Sauerkraut* Wilhelm Buschs ungeteilte Zustimmung. Das walte die Witwe Bolte!

Eben geht mit einem Teller
Witwe Bolte in den Keller,

Daß sie von dem Sauerkohle
Eine Portion sich hole,
Wofür sie besonders schwärmt,
Wenn er wieder aufgewärmt. -

Ja, so sehr schätzte er gerade dieses Gericht, daß er ihm in der Novelle „Eduards Traum" (1891) in einer köstlichen Gleichung ein literarisches Denkmal setzte:
„Was nun aber das Kunstwerk betrifft, meine Lieben, so meine ich, es sei damit ungefähr so wie mit dem Sauerkraut.

Ein Kunstwerk, möcht ich sagen, müßte gekocht sein am Feuer der Natur, dann hingestellt in den Vorratsschrank der Erinnerung, dann dreimal aufgewärmt im goldenen Topfe der Phantasie, dann serviert von wohlgeformten Händen, und schließlich müßte es dankbar genossen werden mit gutem Appetit."

Im Brief an seinen Freund Wilhelm von Kaulbach preist Wilhelm Busch in höchsten Tönen den „sproßenden Kohl, welcher letztere sich nun abrundet und allmählich seiner säuerlichen Vollendung entgegenreift." (30.8.1884)

Ein weiteres Mal zitiert der Gärtner, ebenfalls in „Eduards Traum", das geliebte Kohlgericht, diesmal als unschuldiges Objekt ehelicher Zwistigkeiten:

„Im dritten Stock öffnet sich etwas hastig die Türe des Eßzimmers. Babett! ruft eine weibliche Stimme. Komm mit dem Wischtuch! Mein Mann hat das Sauerkraut an die Wand geschmissen! Ach, wie bald verläßt der Friede den häuslichen Herd, wenn er an maßgebender Stelle keine kulinarischen Genüsse vorfindet."

Onkel Hermann (Busch) wurde nach einem Besuch bei der Familie in Wiedensahl mit einer „Abschiedskohlsuppe" bedacht. Nichte Grete Meyer in Münster aber ermuntert er zum „alleinigen Haus- und Küchenregiment", obwohl der zugleich vermutet, daß in ihrem Speisezettel „Kümmelkohl" und „Schnurrüber" (überbrühtes Kohlgericht) wohl fehlen werden.

Vom Ärger mit dem Ungeziefer, das gern den sprießenden Kohl heimsucht, handelt ein Gedicht aus „Zu guter Letzt":

Der Kohl

Unter all den hübschen Dingen
In der warmen Sommerzeit
Ist ein Korps von Schmetterlingen
Recht ergötzlich insoweit.

Bist du dann zu deinem Wohle
In den Garten hinspaziert,
Siehst du über deinem Kohle
Muntre Tänze aufgeführt.

Weiß gekleidet und behende
Flattert die vergnügte Schar,
Bis daß Lieb und Lust zu Ende
Wieder mal für dieses Jahr.

Zum getreuen Angedenken,
Auf den Blättern kreuz und quer,
Lassen sie zurück und schenken
Dir ein schönes Raupenheer.

Leidest du, daß diese Sippe
Weiterfrißt, wie sie begehrt,
Kriegst du nebst dem Blattgerippe
Nur noch Proben ohne Wert.

Also ist es zu empfehlen,
Lieber Freund, daß du dich bückst
Und sehr viele Raupenseelen,
Pitsch, aus ihren Häuten drückst.

Denn nur der ist wirklich weise,
Der auch in die Zukunft schaut.
Denk an deine Lieblingsspeise:
Schweinekopf mit Sauerkraut.

KOHLSUPPE

800 g Weißkohl
80 g Hafergrützemittel
250 g durchwachsener geräucherter Bauchspeck
300 g Karotten
300 g Zwiebeln
Salz
Pfeffer
4 Pimentkörner
2,5 l Fleischbrühe

✳

Den Bauchspeck in der Fleischbrühe 30 Minuten garen.
Weißkohl vierteln, Strunk entfernen, in grobe Streifen
schneiden und mit der Hafergrütze in die Fleischbrühe
geben, ca. 15 Minuten leicht köcheln. Die Karotten schälen
und würfeln, ebenso mit der Zwiebel verfahren. Die Würfel
mit den Pimentkörnern zur Kohlsuppe geben und bei
kleiner Hitze 20 Minuten garen, mit Salz und Pfeffer abschmecken.

SAUERKRAUTAUFLAUF MIT FERKELRÜCKEN UND SCHINKENSAUCE

Schinkensauce
1,5 kg Ferkelrücken mit Schwarte
300 g Röstgemüse
0,2 l Öl
200 g Schinkenschwarte
1 Knoblauchzehe
1 Eßlöffel Tomatenmark
etwas Kümmel
0,1 l Rotwein
0,5 l brauner Fond
50 g Sahne
50 g Schinkenwürfel
Salz
Pfeffer

✳

Sauerkrautauflauf
150 g Sauerkraut
1 Eßlöffel Zwiebelwürfel
50 g Butterschmalz
0,1 l Weißwein
1 Ei
150 g gekochte Kartoffeln
Salz
Pfeffer

✳

Schinkensauce
Den Ferkelrücken so auslösen, daß die Schwarte an dem
Fleisch bleibt. Die Knochen hacken und im Bräter mit der
kleingeschnittenen Schinkenschwarte in etwas Öl anbraten. Röstgemüse dazu und Farbe nehmen lassen,

Knoblauch, Tomatenmark und Kümmel mitrösten, mit
Rotwein ablöschen und den braunen Fond angießen, ca. 2
Stunden kochen. Des öfteren abfetten und abschäumen.
Die Sauce passieren und auf die gewünschte Menge redu-
zieren, mit Sahne verfeinern.

*

Sauerkrautauflauf
Zwiebelwürfel in Butterschmalz anschwitzen, das Sauerkraut und den Weißwein dazugeben, ca. 1 Stunde langsam
kochen. Das Sauerkraut abtropfen lassen, mit den pürierten Kartoffeln und dem Ei vermischen, abschmecken.
Die Sauerkrautmasse in gebutterte Förmchen geben und
diese bei 180°C ca. 20 Minuten im Ofen garen.

*

Ferkelrücken
Die Schwarte des Ferkelrückens überkreuz einritzen,
würzen und in Öl anbraten. Auf der Schwartenseite für ca.
20 Minuten bei 180°C in den Ofen schieben. Die Schinkenwürfel kross anbraten.

*

Den Sauerkrautauflauf auf Teller stürzen, mit den in
Scheiben geschnittenen Ferkelrücken umlegen, Schinkensauce angießen und die krossen Schinkenwürfel darüber
streuen.

SAUERKRAUTSUPPE
MIT GEBRATENER ROTWURST

350 g Sauerkraut
50 g Zwiebelwürfel
50 g Margarine
150 g geschälte Kartoffeln
1 l Fleischbrühe
1 Lorbeerblatt
1 Wacholderbeere
0,1 l trockener Weißwein
150 g Sahne
50 g Butter
250 g Rotwurst
80 g Margarine

✳

Die Zwiebelwürfel in der Margarine glasig schwitzen und
mit dem Weißwein ablöschen. Das Sauerkraut und die
gewürfelten Kartoffeln dazu geben und mit der Brühe
auffüllen, 40 Minuten kochen. Danach pürieren und
passieren, mit der Sahne verfeinern und die kalte Butter in
kleinen Stückchen einrühren. Die Rotwurst pellen, in
Scheiben schneiden, in der Margarine braten und in die
Suppe geben.

„Die Käthe hat den Fritz geküßt, worauf sie eine Birne ißt"

Obsternte im Garten

A m 5. Oktober 1898 schlug für Wilhelm Busch endgültig die Abschiedsstunde in Wiedensahl. Nach häufigem Wechsel und nach Schwierigkeiten mit dem Hauspersonal entschlossen sich Wilhelm Busch und seine Schwester Fanny, das Angebot des in Mechtshausen am Harz wirkenden Neffen Otto Nöldeke anzunehmen. Im Pfarrhaus der kleinen Harzrandgemeinde bezog Wilhelm Busch drei kleine Zimmer im Obergeschoß, die nach gründlicher Restaurierung seit kurzem auch wieder allgemein zugänglich sind.

Im Pfarrgarten machte der Senior, gemächlich seine Zigarre rauchend und ein Gläschen Wein trinkend, seine Rundgänge und erfreute sich an allem, was da blühte und gedieh. Und so beschrieb Wilhelm Busch kurz nach seinem Umzug von Wiedensahl das neugewonnene Mechtshausener Gartenidyll:

„Mechtshausen ist ein wohlhabendes Dörflein von etwa 4oo Einwohnern; das noch kleinere Bilderlah nebst Domäne gehört hierher zur Kirche. Östlich im Tal fließt das muntere Bächlein Nette; von da steigt der Boden sanft bis zum Heber, der langgestreckt, wie der Rodenberg bei Hattorf, von Süden nach Norden geht und schön mit Wald bestanden ist. Vom großen neuen Pfarrhause geht man nur wenige Minuten bis dahin. Aus dem weitläufigen Obst- und Gemüsegarten sieht man in die Harzberge. Der Garten ist ganz verwildert. Von den fünfzig alten Kirschbäumen sind vorläufig fünfundzwanzig abgehauen, um Luft zu machen." (An Erich Bachmann, Weihnachten 1898)

Besonders ergiebig waren die Obstbäume des Pfarrgartens, nachdem man sie in der in jenem Brief angekündigten Weise kultiviert hatte: „An den Obstbäumen stehen die langen Leitern. Eine ungewöhnliche Menge von *Äpfeln* und *Birnen* wird heuer im Keller gelagert; andere, die abfielen, verwandeln sich in Saft und *Gelee* und sonst dergleichen" (an Johanna Keßler, 25.9.1901). „Auch die Bäume hängen voll, besonders die Pflaumen und Zwetschen", erfuhr Grete Meyer im Busch-Brief vom 22.7.1906.

In der Novelle „Der Schmetterling" preist er als geschätzte Delikatesse „Brot mit *Zwetschenmus*" und läßt Peter, die Hauptperson dieser Prosageschichte, erzählend bekennen: „Es waren gedörrte Birnen darin, meine Lieblingsfrüchte". Um Birnen aber geht es auch im Gedicht „Zwei Freunde" („Zu guter Letzt"):

Zwei Knaben, Fritz und Ferdinand,
Die gingen immer Hand in Hand,
Und selbst in einer Herzensfrage
Trat ihre Einigkeit zutage.
Sie liebten beide Nachbars Käthchen,
Ein blondgelocktes, kleines Mädchen.
Einst sagte die verschmitzte Dirne:
Wer holt mir eine Sommerbirne,
Recht saftig, aber nicht zu klein?
Hernach soll er der Beste sein.
Der Fritz nahm seinen Freund beiseit
Und sprach: Das machen wir zu zweit;
Da drüben wohnt der alte Schramm,
Der hat den schönsten Birnenstamm;
Du steigst hinauf und schüttelst sacht,
Ich lese auf und gebe acht.
Gesagt, getan. Sie sind am Ziel.
Schon als die erste Birne fiel,
Macht Fritz damit sich aus dem Staube,
Denn eben schlich aus dunkler Laube,
In fester Faust ein spanisch Rohr,
Der aufmerksame Schramm hervor.
Auch Ferdinand sah ihn beizeiten
Und tät am Stamm heruntergleiten
In Ängstlichkeit und großer Hast,
Doch eh er unten Fuß gefaßt,
Begrüßt ihn Schramm bereits mit Streichen,
Als wollt er einen Stein erweichen.

Der Ferdinand, voll Schmerz und Hitze,
Entfloh und suchte seinen Fritze.
Wie angewurzelt blieb er stehn.
Ach, hätt' er es doch nie gesehn:
Die Käthe hat den Fritz geküßt,
Worauf sie eine Birne ißt.
Seit dies geschah, ist Ferdinand
Mit Fritz nicht mehr so gut bekannt.

Überschüssiges Obst aus reichen Ernten wurde, wie zuvor auch schon in Wiedensahl, eingekocht. Dabei bediente man sich der damals noch neuen, von Johann Weck (1841-1904) entwickelten Methode der Vakuum-Gläser. Johanna Keßler in Frankfurt erhielt brieflich Buschs Einkochtips:

„Ich lege die gedruckte Anweisung über das hier beliebte Einkochen bei. Der genau auf den Gummirand gelegte Glasdeckel (früher Blechdeckel) wird von der verdünnten Luft im Glase angezogen und festgehalten, ohne daß noch ein Schraubenverschluß nöthig ist."

Übrigens betrieb Wilhelm Buschs Bruder Gustav (1836-1888) in Wolfenbüttel, wo Wilhelm jahrelang zur üblichen Silvesterbowle einkehrte, eine gutgehende Konservenfabrik: „Er hat z. B. dieses Jahr 10.000 Büchsen Erbsen einkochen laßen und bereits alle verkauft." (An Erich Bachmann, 6.9.1875)

In einem Brief an Franz von Lenbach zieht er im Herbst positive wie negative Bilanz eines Gartenjahres: „Den Frühling, den Sommer lang hab ich munter gegraben, geharkt, hab Erbsen und Bohnen gelegt, habe Kohl gepflanzt und Salat und zugesehn, was für Manieren sie haben. Leider, das zeigt sich bald mehr und mehr, ist auch die Macht der Vegetabilien, so harmlos sie aussehn, nicht vollkommen tadellos. Das Zeug ist eigenwillig; dabei gönnt eins dem andern nichts, weder über noch unter der Erde. Und gar das Ungeziefer!" (September 1897)

In seinem Garten freudevoll
Geht hier ein Gärtner namens Knoll.
(„Dideldum: Der Maulwurf")

Geradezu philosophisch aber begegnet uns der mittlerweile 65 Jahre alte Dichter in einem weiteren Brief an Johanna Keßler: „Außerdem sind's die Vegetabilien, die Rosen, das Gemüse, das Unkraut auch natürlich, zwischen denen ich beschaulich thätig, bald hindernd, bald befördernd, hin und her spatziere. Ich weiß nicht - grad das, was in der Erde wurzelt, zieht mich immer mehr an im Alter als ehe dem, und diese Neigung, denk ich, kommt wohl nicht von ungefähr." (3.7.1898)

HALBGEFRORENES
VON GARTENPFLAUMEN

150 g Zucker
500 g Pflaumen
3 Eßlöffel Pflaumenmus
2 Eßlöffel Zitronensaft
2 cl Sliwowitz
1 Nelkenkopf
5 Eigelb
0,25 l Sahne

*

100 g des Zuckers mit den Eigelben auf dem Wasserbad
warm aufschlagen, bis es eine kremige Masse ist. Danach
kalt rühren.

*

Restlichen Zucker karamelisieren und die gewaschenen,
entkernten Pflaumen dazugeben. Pflaumenmus, Nelkenkopf und Zitronensaft dazu, ca. 10 Minuten kochen. Die
Pflaumen pürieren, durch ein Sieb streichen und unter die
Eiermasse rühren. Mit dem Sliwowitz abschmecken und
abkühlen. Unter die erkaltete Pflaumenmasse die geschlagene Sahne heben, in Förmchen füllen und 5 Stunden
frieren lassen.

HIMMEL & ERDE
MIT MAJORAN-ZWIEBELN
UND GEBRATENER ROTWURST

1,2 kg Kartoffeln
1 kg Äpfel
0,1 l Weißwein
4 Eßlöffel Öl
150 g geräucherten Bauchspeck
150 g Zwiebelwürfel
800 g Rotwurst
1 große Gemüsezwiebel
frischen Majoran
Margarine
Salz
Pfeffer

✻

Die Kartoffeln schälen und garen. Die Äpfel schälen, klein
schneiden und in dem Weißwein weich dünsten. Den
Bauchspeck würfeln und mit den Zwiebelwürfeln in dem Öl
bräunen. Die grob gestampften Kartoffeln mit den Äpfeln
und dem gebratenen Speck vermengen und abschmecken.

✻

Die Rotwurst pellen, in Scheiben schneiden und in der
Margarine knusprig braten. Die Gemüsezwiebel pellen, in
Scheiben schneiden und in Margarine bräunen, mit ge-
hacktem Majoran, Salz und Pfeffer abschmecken.

✻

Himmel & Erde auf vorgewärmte Teller geben und mit der
gebratenen Rotwurst und den Majoran-Zwiebeln belegen.

MOUSSE VON HOLUNDERBEEREN
AUF SEKTSAUCE

Zutaten für die Mousse
200 g Holunderbeermark
2 Eigelbe
75 g Zucker
3 Blatt Gelatine
0,25 l geschlagene Sahne
3 cl Cassis

✳

Zutaten für die Sektsauce
4 Eigelbe
100 g Zucker
0,4 l Sekt
1 Blatt Gelatine

✳

Mousse von Holunderbeeren
Die Eigelbe mit dem Zucker schaumig rühren und das heiße
Holunderbeermark darauf geben. Jetzt die eingeweichte
Gelatine und Cassis dazugeben. Abkühlen lassen, bis die
Masse zu gelieren beginnt, nun die geschlagene Sahne unter-
heben, in Förmchen füllen und ca. 4 Stunden kaltstellen.

✳

Sektsauce
Die Eigelbe und Zucker schaumig rühren, mit dem heißen Sekt
aufgießen und auf dem Wasserbad zur Rose abziehen. Die
eingeweichte Gelatine dazugeben und abkühlen lassen.

✳

Beides zusammen auf einem Teller anrichten.

„Eins, zwei, drei - eh' man's gedacht Sind zwei Brote draus gemacht"

Am liebsten mit Gänseschmalz und Wurst

Vom Gemüsegarten hinter dem Haus wenden wir uns nun einer anderen, von Busch literarisch verewigten kulinarisch-bäuerlichen Tätigkeit zu, dem Brotbacken.

„Das Brod,welches Ihr mir geschickt, habe ich mit großem Pläsir verzehrt, theils mit Butter, theils mit Wurst, in welch letzterem Falle ein guter Schnaps das Fest vervollständigen half." Erfreut bestätigt Wilhelm Busch seiner Schwägerin Johanne Busch in Wiedensahl am 14.4.1871 die Ankunft einer der während seiner Frankfurter Aufenthalte stets willkommenen Brotsendungen aus der Heimat. Das hessische Brot dagegen schmeckte ihm nicht, ja, er verachtete es geradezu und verglich es in seinem Geschmack mit einem „alten trockenen Badeschwamm".

Vorfreude empfand unser Künstler, „wenn der Postbote hereintritt und trägt in seiner Hand das eigenthümlich geformte Packet, deßen gestalt nicht leicht mit einer anderen zu verwechseln ist." (An Adolf Busch, 5.2.1871)

Gern bestrich Wilhelm Busch die Rinde des frisch eingetroffenen Brotes, das offensichtlich auch der mit ihm befreundeten Familie Keßler gut schmeckte, mit Gänseschmalz und Salz, von Fall zu Fall auch mit einer „heimathlichen und theilweise Wolfenbüttler Wurst". Auch einer Salzgurke zur Abrundung solcher Vespermahlzeiten war er keineswegs abgeneigt.

Bis zu 14 Tage streckte er mitunter seinen Wiedensahler Brotvorrat, auch wenn der mittlerweile wohl schon recht altbacken schmecken mußte: „Aber das hilft alles nichts. Gegeßen wird's! Wir sind hier nicht solche Leckermäuler und Feinschmecker wie Ihr in Wiedensahl". (An Johanne Busch, 13.12.1870)

In „Max und Moritz" hatte Wilhelm Busch 1865 dem Brotbäcker im sechsten der Böse-Buben-Streiche ein Denkmal gesetzt: Als die beiden Knaben auf der Suche nach leckeren Brezeln auf frischer Tat ertappt werden, landen sie in des Meisters Teigtrog und werden, zu zwei Broten geformt, ins heiße Ofenloch geschoben.

Eins, zwei, drei! - eh' man's gedacht,
Sind zwei Brote draus gemacht.

In dem Ofen glüht es noch
Ruff!! - damit ins Ofenloch!

Andererseits aber versetzt sich der frühstückende Dichter meditierend in die Rolle eines Weizenkorns, das nach langer Prozedur zu Brot verarbeitet wird, in einem Gedicht aus der Sammlung „Zu guter Letzt":

Das Brot

Er saß beim Frühstück äußerst grämlich,
Da sprach ein Krümchen Brot vernehmlich:

Aha, so ist es mit dem Orden
Für diesmal wieder nichts geworden.
Ja, Freund, wer seinen Blick erweitert
Und schaut nach hinten und nach vorn,
Der preist den Kummer, denn er läutert.
Ich selber war ein Weizenkorn.
Mit vielen, die mir anverwandt,
Lag ich im rauhen Ackerland.
Bedrückt von einem Erdenkloß,
Macht ich mich mutig strebend los.
Gleich kam ein alter Has gehupft
Und hat mich an der Nas gezupft;
Und als es Winter ward, verfror,
Was peinlich ist, mein linkes Ohr;
Und als ich reif mit meiner Sippe,
O weh, da hat mit seiner Hippe
Der Hans uns rutschweg abgesäbelt
Und zum Ersticken festgeknebelt
Und auf die Tenne fortgeschafft,
Wo ihrer vier mit voller Kraft
In regelrechtem Flegeltakte
Uns klopften, daß die Schwarte knackte.
Ein Esel trug uns nach der Mühle.
Ich sage dir, das sind Gefühle,
Wenn man zerrieben und gedrillt
Zum allerfeinsten Staubgebild,
Sich kaum besinnt und fast vergißt,
Ob Sonntag oder Montag ist.
Und schließlich schob der Bäckermeister,
Nachdem wir erst als zäher Kleister

In seinem Troge baß gehudelt,
Vermengt, geknetet und vernudelt,
Uns in des Ofens höchste Glut.
Jetzt sind wir Brot. Ist das nicht gut?
Frischauf, du hast genug, mein Lieber,
Greif zu und schneide nicht zu knapp
Und streiche tüchtig Butter drüber
Und gib den andern auch was ab.

Aufgeschlagener Gänseflomen mit Rosmarin

Flomen (Fett im hinteren Bauchraum)
von einer gutgemästeten Gans
1 Eßlöffel frischer gehackter Rosmarin
2 Eßlöffel feingeriebene Zwiebel
Salz
Pfeffer

*

Den Flomen in Stücke schneiden, dabei von den Sehnen
befreien. In kaltem Wasser 12 Stunden wässern, das Wasser
2-3 mal wechseln.

*

Den Flomen danach durch ein Sieb streichen, damit die
restlichen Hautfäden im Sieb bleiben. Es entsteht dadurch
eine dickflüssige Masse, die mit dem Mixer 20 Minuten aufge-
schlagen wird, bis der Flomen eine kremige Substanz - fast wie
Quark - bekommt. Während des Schlagens den Rosmarin und
die Zwiebeln hinzugeben, mit Salz und Pfeffer abschmecken.
Den aufgeschlagenen Flomen vor dem Servieren 4 Stunden
kühlstellen.

*

Sie können ihn direkt auf Brot streichen oder ihn noch mit
dünnen Scheiben geräucherter Gänsebrust belegen, evtl. mit
frischgemahlenem Pfeffer würzen.

Apfel-Brotpudding
mit Stippsmousse

Stippsmousse
50 g Kuvertüre
1 Teelöffel Kaffee, 1 Teelöffel Rum
125 g Zuckerrübensirup (Stipps)
50 g Butter, 2 Blatt Gelatine, $1/8$ l Sahne

✳

Kuvertüre mit Kaffee und Rum auf dem Wasserbad erwärmen. Die eingeweichte Gelatine unter die Masse rühren. Dann die kalte Butter in die noch warme Masse einarbeiten, den Stipps dazu und unter die abgekühlte Masse die geschlagene Sahne heben. In eine Schüssel füllen und kaltstellen.

✳

Apfel-Brotpudding
125 g altbackene Brötchen
2 Boskop
2 Eßlöffel Apfelmus
50 g geröstete Mandelblätter
0,25 l Sahne, 60 g Zucker
4 Eier, 4 cl Calvados
$1/2$ Teelöffel Zimt gemahlen

✳

Die Brötchen kleinschneiden, die geschälten und in Würfel geschnittenen Äpfel, Apfelmus und Mandelblätter dazugeben. Sahne, Eier, Zucker verquirlen und mit der Apfel-Brotmischung verrühren. Mit Calvados und Zimt abschmecken. In gebutterte Formen füllen und im heißen Ofen bei 200°C ca. 30 Minuten backen.

✳

Den warmen Apfel-Brotpudding auf Teller stürzen und mit abgestochenen Stippsmoussenocken anrichten, evtl. Vanillesauce dazu servieren.

45

„Es blüht die Wurst nur kurze Zeit"

Nahrhaftes aus der Heimat von Wilhelm Busch

Wenn sich Wilhelm Busch in einem Brief an Franz von Lenach auch recht kritisch über die Zeremonie des Schweineschlachtens äußerte und wenig erfreut war, wenn Kinder in der Nachbarschaft das „Wostewark" (Würstemachen) bejubelten, so tat sie jedoch seiner Vorliebe für eine gute Bauernwurst und Schinken keinen Abbruch. „Des Schweines Ende ist derAnfang", stellte er lapidar fest und nannte das Schinkenessen ein „indirektes Schweineschlachten

Besorgt äußerte er sich seinem Bruder Adolf gegenüber über eine damals rätselhafte Schweinekrankheit, die 1870 in Lüthorst grassierte und die Viehbestände, auch die des Pfarrhauses des Onkels Georg Kleine, arg dezimierten.

Ein weihnachtliches Festmahl konnte in der Heimat durchaus die Form eines üppigen Gelages annehmen wie jenes des Jahres 1873, über das Busch Nanda und Letty Keßler in Frankfurt berichtete: „Diesen Sonntag Abend aber waren wir

Doch endlich schlachtet man das Schwein,
Da freute sich das Bäuerlein.
(„Der Bauer und sein Schwein")

bei einem Freunde des Müllers eingeladen, und wir waren unserer fünf, und es wurde aufgetragen auf dem Tisch für sechs Personen Schinken und für fünfundzwanzig Personen Wurst; dazu tranken wir erst Thee mit Rum, dann Chocolate, dann Bier, dann Wein, bis uns der Knopf aus der Weste sprang."

Besonders schätzte Wilhelm Busch jene harte Mettwurst, die man in seiner niedersächsischen Heimat Schlackwurst nennt. Ihr wies er in der Prosaerzählung „Der Schmetterling" (1895) gleich zweimal eine „tragende Rolle" zu:

„Auf Grund meiner Ersparnisse in der Mühle konnt ich mir schon was erlauben. Ich kehrte ein. Da der lange Stammtisch, bis auf den Ehrenplatz, schon besetzt war, drückt ich mich auf die Bank hinter der Tür. ‚Frau Wirtin!' sprach ich bescheiden. ‚Ich hätte gern ein Butterbrot mit Schlackwurst.'

‚Schlackwurst? Das glaub ich schon. Schlackwurst ist gut!' rief laut lachend die dicke Wirtin. ‚Aber unsere Schlackwurst, mein Sohn, die essen wir selber!'

Dieser Scherz erregte bei der anwesenden Gesellschaft das herzlichste Gelächter. Alle bestätigten es, daß die Schlackwurst sehr schmackhaft, ja, die Königin unter den Würsten sei. Da die Wirtin ferner erklärte, sie habe es sich zur Regel gemacht, auch ihre Butter lediglich selbst zu genießen, so mußt ich mit einem Stück Hausbrot und einem kleinen Schnapse vorliebnehmen."

*

„Erstaunt und glücklich über diese rasche und erfolgreiche Kur, lud uns die Mutter zum Vesperbrot ein.

Ein mächtiges Hausbrot, ein Teller mit dunkelem Zwetschgenmus, eine beträchtliche eben nur angebrochene Butterwälze, eine Schlackwurst von anderthalb Ellen, standen alsbald zu unserer Verfügung. Am schnellsten nahm der Nazi Platz, denn er hatte tagsüber nur rohe Pflaumen gegessen. Er tat einen tüchtigen Hieb in die Butter.

‚Die Butter ist schon hier am andern Ende angeschnitten!' sagte die Frau, die sehr ordnungsliebend zu sein schien.

‚Macht nichts' erwiderte der Nazi. ‚Da kommen wir auch noch hin!'

‚Hier ist auch schwarze Butter' erinnerte die Bäuerin. ‚Danke! Die weiße ist gut genug für uns' sagte der Nazi und tat einen zweiten und dritten Hieb.

So fuhren wir rührig fort. Die Schlackwurst verkürzte sich zusehends. Die Frau wurde besorgt.

‚Man kann auch zuviel essen' meinte sie.

‚So leicht wohl nicht!' erwiderte der Nazi.

‚Man kann sich auch krank essen!' sagte sie bald darauf.

‚Kommt auch wohl vor!' gab er zur Antwort.

‚Man kann sich auch tot essen!' sprach sie endlich, als die Wurst immer kürzer wurde.

Jetzt legte der Nazi das Messer nieder und sprach im ernsten Ton allertiefster Bedenklichkeit:

‚Wenn ihr das meint, gute Frau, dann will ich sie lieber mitnehmen!'

Flugs erhob er sich, schob die Wurst in die Rocktasche, aus der sie noch ein gutes Stück weit hervorstand, nahm das Brot unter den Arm, drückte der Frau herzlich die Hände, versprach bald wiederzukommen und empfahl sich mit einem zierlichen Bückling. Tief beschämt über dieses unverschämte Benehmen meines Freundes, drückt ich mich stumm aus der Tür."

In „Eduards Traum" berichtet er poesievoll vom Markt, „wo die Zahlen ihr geschäftliches Wesen treiben„: „In glitschiger Eile kam mir eine Wurst zum Preise von 93 Pfennig entgegengelaufen."

Beim Kunststudenten Wilhelm Busch in seinen Münchener Sturm-und-Drang-Jahren war oft Schmalhans Küchenmeister, weil die ersten Honorare zunächst nur spärlich flossen und die elterlichen Zuschüsse immer knapper wurden. Einer der wenigen, die ungehinderten Zugang zur ärmlichen Bude des wortkargen Niedersachsen hatten, war der Malerfreund Pixis. Als er einmal unerwartet eintrat, bemerkte er gerade noch, wie der überraschte Wilhelm mit einem schnellen Griff irgend etwas im Tischkasten verschwinden ließ.

„Ich bin's, brauchst nichts zu verstecken!" rief Pixis ihm fröhlich zu und wollte den Ertappten nicht in Verlegenheit bringen. „Also raus damit! Ist's ein hübsches Gedicht oder ein Bildchen?".

„Beides zugleich," lachte Wilhelm Busch, „sieh her, ist dies Dinglein nicht ein wahres Gedicht und zugleich wie gemalt?" Damit zog er aus dem Schuh vorsichtig eine... Regensburger Wurst, wie er sie sich ab und zu als Leckerbissen gönnte. Die o.a. Regensburger Wurst war denn auch Gegenstand einer heutzutage beinahe aktuellen biochemischen Satire, die der Künstler in der Kneipzeitung des Künstlervereins Jung-München veröffentlichte:

Kurzes Referat über die kurzen Würste des Herrn Lang

„Bei dem vor kurzem durch die Munifizenz des Herrn Lang veranstalteten Wurstessen wurden dem Referenten zur Beurteilung und chemischen Analyse fünf Regensburger Würste zur Verfügung gestellt, eine Zahl, die, wie jeder begreiflich finden wird, zu gering war, um damit gehörig zu experimentieren und schließlich ein gründliches, reiflich erwogenes Urteil zu fällen; - vier und eine halbe waren vom Referenten bereits verzehrt, ehe er zur Untersuchung der halben fünften schritt.

Es fanden sich unter 100 Teilen Wurst:

3 Teile ungemahlenes Knochenmehl,

45 Teile von dem bekannten kalbshaxensauren Schweinsoxydul,

50 Teile Schindarin und

2 Teile einer noch unbekannten ätzenden Säure; vermittelst welcher letztern sich am natürlichsten das Verschwinden eines Messers des Herrn Rögge erklären läßt, indem jene Säure, mit dem fraglichen Messer an jenem Abend häufig in Berührung gebracht, dasselbe vielleicht gänzlich zersetzt und aufgelöst hat. -

Das Endresultat meiner analytisch-chemischen Forschungen ist nun folgendes:

Das Leben ist kurz, die Kunst ist lang; aber noch kürzer als das Leben ist eine Wurst im Vergleich mit der menschlichen

Gefräßigkeit, obschon diese letztere eigentlich keine Kunst ist.

Schließlich fordere ich alle Freunde der Wissenschaft noch recht dringend auf, das edle Beispiel des Herrn Lang bald möglichst nachzuahmen und den Chemikern künftig reichhaltigen Stoff zu weiteren Forschungen zu liefern, auf einem Gebiete, das wohl zu den interessantesten der ganzen Chemie gehört.

Bei etwaigen Einsendungen sind die Herren Vereinschemiker gerne bereit, die Untersuchung mit bekannter Gewissenhaftigkeit gütigst zu übernehmen".

Trotz der heimatlichen Brot-und Wurstpakete, die ihm die Verwandten von Wiedensahl aus zuschickten, mute sich Wilhelm Busch in seiner Frankfurter Zeit wohl oder übel auch an die orts-und landesübliche Kost gewöhnen.

In Frankfurt am Main hatte er damals Freundschaft geschlossen mit der Familie des Bankiers Keßler. Besonders zur aparten Frau Johanna Keßler, die nach Art und Erscheinung den Künstler faszinierte und zu einem Porträt veranlaßte, unterhielt er langdauernde, wenngleich stets nur platonische Beziehungen. Er blieb auch Johannas Kindern Nanda (Ferdinande) und Letty (Lätitia) ein Leben lang freundschaftlich verbunden und pflegte mit ihnen einen ausgiebigen brieflichen Gedankenaustausch. Zustandegekommen war dieser Kontakt durch seinen Bruder Dr. Otto Busch (1841-1879), der Hauslehrer in der Familie Keßler war und die beiden Töchter unterrichtete. Ab 1869 unterhielt Wilhelm Busch eine Zeitlang einen selbständigen Haushalt in der Nähe des Kelerschen Anwesens und betrieb dort auch ein eigenes Atelier.

Es kommen mit der Post anbei
Der rundgeformten Würste zwei.
Die eine werde Ferdinanden
Von ganzem Herzen zugestanden.
Die andre, gleich an Ruhm und Ehren,
Soll der Lätitia zugehören.

Jetzt nehmt das Messer und die Gabel!
Zertheilt die Wurst! Thut auf den Schnabel!

Und Worscht hinein! Und Worscht hinunter!
Und wohl bekomm's! Und bleibt hübsch munter!
Onkel Wilhelm.

(An Nanda und Letty Keßler, 1876)

Bei Johanne Busch bedankte sich der Neu-Frankfurter für den Eingang einer neuen Wurstsendung aus Wiedensahl. Sie war gerade rechtzeitig eingetroffen, als er den letzten Stümpel *Rothwurst* verzehrt hatte. Sehr lobend äußerte Busch sich gegenüber seinem Verlegerfreund Otto Bassermann über eine Frankfurter Mettwurst, die er „von dem ersten Delikateßhändler der Stadt bezogen hatte."

Aber auch in umgekehrter Richtung wurden von Zeit zu Zeit Wurstpakete auf die Reise geschickt. So zum Beispiel, wenn Nanda und Letty Keßler unter Begleitung entsprechender Gedichtchen 1876 gleich zweimal mit Wiedensahler Wurst versorgt wurden.

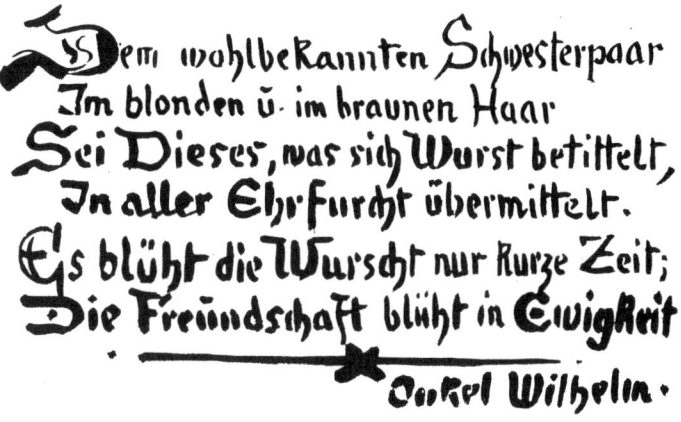

(An Nanda und Letty Keßler, 1876)

Später schickte Wilhelm Busch an die Mutter der beiden Mädchen, Johanna Keßler, vom Harzrand aus „ein paar

Hattorfer (Würstchen), die hoffentlich unterwegs nicht gefrieren, sonst werden sie unbrauchbar; aber vielleicht finden
sie auch ohnedies keinen Beifall." (18.12.1896)

Er trinkt und ist so sehr verstockt,
Daß selbst die Wurst ihn nicht verlockt.
(„Die Brille")

Hier hängt die Wurst - dort an der Mauer
Steht Louis heimlich auf der Lauer.
Und schon bemerkt man sein Bestreben,
Sich eine Wurst herauszuheben.
(„Der Wurstdieb")

Er schwieg. Doch als die Stunde kam,
Wo man die Vespermahlzeit nahm,
Da sprach er mild und guten Mutes:
„Ein guter Mensch kriegt auch was Gutes!"
Er greift zur Wurst. Er löst die Haut.
Der Kuno steht dabei und schaut.
(„Maler Klecksel")

GESCHMELZTE
ROTWURSTKNÖDEL

Rotwurstknödel
1 kg Kartoffeln - mehlig kochend -
3 Eier
Salz
Muskatnuß
Kartoffelmehl nach Bedarf
400 g Rotwurst

✳

Die Kartoffeln garen, pellen und durch die Kartoffelpresse
drücken. Die Eier, Salz und Muskatnuß zugeben und die
Masse glattrühren. Nun etwas Kartoffelmehl unterarbeiten,
bis die Masse einer Kochprobe standhält. Die Rotwurst
pellen, in Würfel schneiden und Knödel damit füllen. Die
Knödel ca. 10 Minuten in kochendem Salzwasser
ziehen lassen.

✳

Schmelze
200 g Butter
150 g geriebenes Weißbrot oder Paniermehl
Majoran

✳

Das geriebene Weißbrot mit dem Majoran in zerlassener
Butter bräunen und die Knödel darin abschmelzen.

✳

Zu den Rotwurstknödeln paßt ein jahreszeitlicher
Salatteller.

„Und sieh, in frohen Händen hält se
Die wohlgeratne Butterwälze"

Brotaufstrich und Kunstgebilde

Z u Brot und Wurst durfte in Wilhelm Busch's ländlichen wie städtischen Haushalten natürlich die „gute" Butter nicht fehlen. Der Künstler erwähnt den nahrhaften Aufstrich in vielen seiner Briefe, in denen es um seine kulinarische Versorgung geht. Er machte Butter jedoch auch zum Werkstoff bildkünstlerischer Betätigung im 5. Kapitel der Bildergeschichte „Der Geburtstag oder Die Partikularisten" (1873). Dabei treibt Busch seinen Scherz mit den von ihm verachteten welfischen Partikularisten.

Für den entthronten Landesvater haben die braven Bürger sich als besonderes Geburtstagsgeschenk eine wohlgeformte Butterhenne im Nest mit ihren Küken ausgedacht und beim Konditor Knickebieter in Auftrag gegeben:

Bald ist im Dorfe weit und breit
Manch treues Weib in Tätigkeit,
Die Butter durch ein rastlos Wälzen
Und Kneten innig zu verschmelzen . . .

Er steht und sieht sein Werk von ferne
Und spricht: „Na, so hab ich dich gerne!"

In der Prosageschichte „Eduards Traum" glossiert Busch
das alte Mütterchen, das auf listige Weise die Butter für den
Markttag präpariert: „Im wohnlichen Stübchen voll sum-
sender Fliegen steht das tätige Mütterchen. Sie sucht Flie-
genbeine aus der Butter, die sie demnächst zu kneten ge-
denkt. Denn Reinlichkeit ist die Zierde der Hausfrau. Aber ihr
Stolz ist Klugheit. Mit mildem Kartoffelbrei füllt sie die Butterwälze, denn morgen ist Markttag in der Stadt."

Auf bösartige Weise wird in der Novelle „Der Schmetterling"
die arme Bauersfrau um den erhofften Ertrag gebracht:

"Auf unserem Wege zum Walde hin trafen wir eine schla-
fende Bauernfrau, die vermutlich zu Markte wollte. Leise und
geschickt zog ihr der Nazi ein Päckchen Butter aus der Kiepe
und legte dafür einen tüchtigen Feldstein von mindestens
zwanzig Pfund Gewicht an die Stelle."

In einer wahrhaft köstlichen Parallele vergleicht Wilhelm
Busch in „Balduin Bählamm, der verhinderte Dichter", seiner
vorletzten großen Bildergeschichte, die Tätigkeit des Dichters, dem sein Stoff „aus dem mütterlichen Busen der ewig
wohlgenährten Musen" zufließt, mit der melkenden Bäuerin

Gleichwie die brave Bauernmutter,
Tagtäglich macht sie frische Butter.

Des Abends spät, des Morgens frühe
Zupft sie am Hinterleib der Kühe
Mit kunstgeübten Handgelenken
Und trägt, was kommt, zu kühlen Schränken,

Wo bald ihr Finger, leicht gekrümmt,
Den fetten Rahm, der oben schwimmt,
Beiseite schöpft und so in Masse
Vereint im hohen Butterfasse.

Jetzt mit durchlöchertem Pistille
Bedrängt sie die geschmeid'ge Fülle.
Es kullert, bullert, quietscht und quatscht,
Wird auf und nieder durchgematscht,

Bis das geplagte Element
Vor Angst in dick und dünn sich trennt.
Dies ist der Augenblick der Wonne.
Sie hebt das Dicke aus der Tonne,

Legt's in die Mulde, flach von Holz,
Durchknetet es und drückt und rollt's,
Und sieh, in frohen Händen hält se
Die wohlgeratne Butterwälze.

So auch der Dichter. - Stillbeglückt
Hat er sich was zurechtgedrückt
Und fühlt sich nun in jeder Richtung
Befriedigt durch die eigne Dichtung.

Unter dem Milchprodukt Käse als Brotbelag schätzte Busch, obwohl ihm als Niedersachsen und später gar, als Harzrandbewohner, der „Harzer", der bekannte kalorienarme, oft mit Kümmel und Zwiebeln angereicherte Magermilchkäse, besonders liegen müßte, persönlich jede Art Schweizerkäse und würdigt ihn auf seine Weise:

Drum bleibe Sie bei mir nur lieber!
Und, Rike, geh Sie mal hinüber
Und hole Sie von Kaufmann Fräse
Ein Viertel guten Schweizerkäse.
(Kritik des Herzens)

Ganz allgemein aber empfiehlt der Dichter in einem treffenden Bild in „Zu guter Letzt"

Pst
Es gibt ja leider Sachen und Geschichten,
Die reizend und pikant,
Nur werden sie von Tanten und Nichten
Niemals genannt.

Verehrter Freund, so sei denn nicht vermessen,
Sei klug und schweig auch du.
Bedenk: Man liebt den Käse wohl, indessen
Man deckt ihn zu.

Ziegenquark-Soufflé

120 g Ziegenquark
2 Eigelbe
2 Eiklar
10 g Zucker
Salz
0,1 l Portwein weiß
etwas Thymian
Koriander
Lorbeer
Wacholder

Den Portwein mit den Gewürzen auf 2 cl reduzieren und
durch ein Sieb geben. Ziegenquark mit den Eigelben und
einer Prise Salz verrühren und die Reduktion dazugeben.
Das Eiklar mit dem Zucker steif schlagen und unter die
Ziegenquarkmasse heben. Die Ziegenquarkmasse in gebutterte und ausgezuckerte feuerfeste Förmchen füllen und im
Wasserbad bei 175°C im Ofen garen.

＊

Das Soufflé aus den Förmchen stürzen, mit Puderzucker
bestreuen und auf Teller mit Brombeerkompott anrichten.

„Sie besorgt die Abendsuppe
Still und sorgsam und geschwind"

Auch mit Wursteinlage sehr beliebt

Wenngleich Wilhelm Busch sich über *Suppen* und Suppenrezepte im einzelnen nicht äußerte, so hatte doch Suppe als Morgenmahlzeit wie als flüssige Einleitung mehrgängiger Menüs zweifellos in seinem Speiseplan ihren Platz. Man mußte das Gericht ja nicht gerade einem so wankelmütigem Esser servieren, wie unser Zeichner ihn in einer Karikatur der „Fliegenden Blätter" von 1860 vorstellt:

Die Mehlsuppe als Frühstück

Rat (zur Haushälterin): „Ich frühstücke jetzt jeden Morgen Mehlsuppe — keinen Kaffee mehr."
Haushälterin (am nächsten Morgen): „Hat Ihnen die Mehlsuppe geschmeckt, Herr Rat?"
Rat: „Sehr gut — aber von morgen an wollen wir wieder einmal aussetzen."

Über eine schmackhafte Suppe, in der bisweilen Wurst als Einlage allgemein beliebt war, führte die Liebesgeschichte des Herrn Gottlieb Michael und seiner angebeteten Angelika schließlich zum glücklichen Ende:

Sie besorgt die Abendsuppe
Still und sorgsam und geschwind;
Gottlieb zwickt sie in die Backe:
„Danke sehr, mein gutes Kind!"

Zu allerlei Verdruß führt dagegen das berühmt-berüchtigte Haar in der Suppe in der Bildergeschichte „Die Brille":

Und durch die Brille, scharf und klar,
Entdeckt er gleich ein langes Haar.

Ganz anders dagegen der Verliebte, der in dem Gedicht „Scheu und treu" das Haar aus der von der Liebsten zubereiteten Suppe herausfischt und es auf seine Weise verwendet:

Er rollt es auf zu einem Löckchen,
Hat's in sein Medaillon gelegt.
Nun hängt es unter seinem Röckchen,
Da, wo sein treues Herze schlägt.

BÄRLAUCHSUPPE
MIT LAMMSALAMI

0,8 l Geflügelbrühe
250 g Bärlauch
30 g Butter
0,2 l Sahne
120 g Lammsalami

*

Den Bärlauch waschen und in Streifen schneiden. Die
Butter im Topf erhitzen, Bärlauch dazu geben und mit der
Brühe auffüllen. 5 Minuten kochen. Die Suppe pürieren
und passieren, mit der Sahne verfeinern, abschmecken
und mit der Lammsalami in heiße Suppenteller anrichten.

STECKRÜBENBOUILLON
MIT ROTWURSTRAVIOLI

Steckrübenbouillon
1 l Rinderbrühe
400 g Steckrübe
50 g Sellerie
50 g Karotten
Salz

✳

Rotwurstravioli
100 g Mehl
3 Eigelbe
2 cl Olivenöl
Salz
2 Eigelbe zum Bestreichen
100 g Rotwurst
1 kleinen Apfel
1 Eigelb
Muskatnuß
Majoran

✳

Steckrübenbouillon
Rinderbrühe mit Sellerie und Karotten aufkochen, dann die in
Rauten geschnittenen Steckrüben dazu und alles ca. 30
Minuten ziehen lassen. Sellerie und Karotten aus der Bouillon
entfernen.

✳

Rotwurstravioli
Mehl, 2 Eigelb und Olivenöl zu einem glatten Teig verkneten
und in Klarsichtfolie wickeln, 1 Stunde ruhen lassen. Rotwurst
und Äpfel schälen, würfeln und mit einem Eigelb vermengen.
Mit Majoran, Muskatnuß und Salz abschmecken. Den Teig
dünn ausrollen, mit Eigelb bepinseln. Die Rotwurstmasse

häufchenweise auf die eine Hälfte des Teiges setzen und den
Rest Teig überklappen. Acht Ravioli ausstechen
und im Salzwasser garen.

✳

Die Bouillon mit den Steckrübenrauten und den Ravioli in
tiefen Tellern anrichten und mit Majoran garnieren.

„Weil man, wenn der Abend naht, Dann sogleich was Warmes hat."

Frikadellen, wenn's denn unbedingt sein muß

In Briefen aus seinen späteren Jahren bedankte Wilhelm Busch sich des öfteren bei Johanna Keßler für den Reiseproviant, den die treusorgende Freundin dem Heimkehrer mit auf den Weg zu geben pflegte. Dabei versorgte sich der Fahrgast in schöner Regelmäßigkeit bei längeren Aufenthalten in Gießen in der dortigen Bahnhofswirtschaft mit einem oder einem halben Fläschchen Wein Aßmannshäuser, Hochheimer oder Deidesheimer Provenienz als „Schmiermittel", verzehrte dazu mit Behagen die Brötchen aus dem Frankfurter Proviantpaket und lobte auch die Würstchen oder „das mir von Ihnen gütigst verehrte Beafsteak" oder die „Fricadellen". Ansonsten freilich schwärmte er nicht sonderlich für diese Art Restverwertung aus gehacktem Fleisch und alten Semmeln, zu der die häufig im Junggesellenhaushalt anfallenden Speiseüberbleibsel verarbeitet werden:

„Es herrscht überhaupt ein gewißer Überfluß in meinem kleinen Haushalte, der sich wenigstens einmal in der Woche durch Fricadellen Luft machen muß; die aber, ohne Überhebung zu sprechen, entschieden löblicher zusammengesetzt sind, als diejenigen eines in Eurer Nähe liegenden Klosters, die mir stets unvergeßlich bleiben werden unter dem Namen: ‚seelenlose Prömmeln!'"

Frikadellen sind trotz solcher Zustimmung für den Einsiedler von Wiedensahl nicht eben eine kulinarische Wohltat, sondern eine aus der Notwendigkeit sparsamer Haushaltsführung gebotene Tugend. Da ging's unserem Dichter kaum anders als seinem ewig quengelnden Musensohn Tobias Knopp:

Auch Knopp ist heute etwas ergrimmt
Und über sein ehliches Glück verstimmt.
Grad gibt es den Abend auch Frikadellen,
Die unbeliebt in den meisten Fällen.
(„Knopp -Trilogie")

Bei späterem Besuch in München wechselte Wilhelm Busch, der dort im Hotel Europäischer Hof zu wohnen pflegte, häufiger den Mittagstisch. Dann stand auch oftmals Eintopf (Zusammengekochtes), aber auch Gemüse in vielerlei Zubereitung auf dem Tisch wie zum Beispiel *Erbsenbrei mit Speck*, hier in einer Episode aus der Prosaerzählung „Der Schmetterling."

„,Weißt du was, Freund Peter?' sprach der Nazi etwas hastig. ‚Am besten ists, wir gehn fechten bei den Bauern, damit wir was Warmes kriegen.'

Vorsichtig voranschleichend, führte er mich nach der anderen Seite aus dem Walde hinaus, quer durch die Felder, bis wir zum nächsten Dörflein gelangten.

Gleich im ersten Hause fand unser Anliegen eine günstige Aufnahme.

‚Grad kommt ihr recht, ihr Herrn!' sagte die gemütliche Bauernfrau. ‚Heute Mittag hats Erbsenbrei mit Speck gegeben; der Speck ist alle; aber Brei gibts noch in Hülle und Fülle.'
Sie brachte jedem einen aufgehäuften Napf voll, und der hölzerne Löffel stak drin. Freudig setzt ich den letzteren in genußreiche Bewegung. Freund Nazi dagegen, dem die Kost nicht behagte, pustete nur immer, als obs ihm zu heiß wäre; und kaum, daß die gute Bäuerin den Rücken drehte, um wieder in die Küche zu gehn, so erhob er sich und entleerte seine Schale in das Innere eines grünen baumwollenen Regenschirms, der hinter der Tür stand.
‚Danke für die gute Verpflegung!' rief er in die Küche hinein und entfernte sich eilig.'"
Aufbessern ließen sich schlichtere Mahlzeiten dieser Art in spätsommerlicher Zeit gelegentlich auch durch *Pilzgerichte* wie der *Reizker*-Speise aus den Misch- und Nadelwäldern des Mechtshausener Harzvorlandes. Darüber erfährt Grete Thomsen geb. Meyer:
„Neulich sammelten wir, trotz dem Miesterwetter, eine gehörige Menge von Reizkern, weistewol die, ‚wo' man durchschneidet, rothgelblich aussehn wie Moorrüben. Mit Mehl und Speck bereitet, in Gesellschaft von Pellkartoffeln, haben sie Beifall gefunden." (23.9.1899)
Warmhalten ließen sich derartige Speisen zu Lebzeiten von Busch, in denen man den heutigen Küchenkomfort mit Kühlschränken und Mikrowellenherden noch nicht kannte, auf ebenso simple wie zweckmäßige Weise. Der kluge Hausvater Küster Plünne demonstriert seine Methode im Kapitel „Wohlgemeint wird abgelehnt" der Knopp-Trilogie:

Nämlich dieses weiß ein jeder:
Wärmehaltig ist die Feder.
Hat man nun das Mittagessen
Nicht zu knappe zugemessen,
Und, gesetzt den Fall, es wären
Von den Bohnen oder Möhren
Oder, meinetwegen, Rüben
Ziemlich viel zurückgeblieben,
Dann so ist das allerbeste,
Daß man diese guten Reste
Aufbewahrt in einem Hafen,
Wo die guten Eltern schlafen,
Weil man, wenn der Abend naht,
Dann sogleich was Warmes hat.

ERBSENPÜREE MIT SPECK

700 g frische Erbsen
200 g Sahne
100 g Butter
Salz
Pfeffer
Muskatnuß
100 g geräucherter Bauchspeck
2 Schalotten
80 g Margarine

*

Die Sahne mit der Butter aufkochen und die Erbsen darin
ca. 12 Minuten weich garen. Anschließend pürieren und
durch ein Sieb passieren, mit Salz, Pfeffer und Muskatnuß
abschmecken. Den Bauchspeck und die Schalotten würfeln
und in Margarine braun braten.

*

Das Erbsenpüree auf Teller anrichten und mit dem Speck
übergießen. Dazu paßt ein paniertes Schweinekotelett und
neue Kartoffeln.

WIRSINGBLÄTTER
MIT PFIFFERLINGEN GEFÜLLT

1 Kopf Wirsing
500 g Pfifferlinge
80 g Zwiebelwürfel
60 g Butter
1 Eßlöffel gehackter Schnittlauch
Salz
Pfeffer

*

Acht große Wirsingblätter blanchieren und den Strunk
entfernen. Den restlichen Wirsing in Streifen schneiden
und in einem Topf leicht anbraten.

*

Die Zwiebelwürfel in Butter glasig dünsten, die geputzten
Pfifferlinge hinzugeben, mit Schnittlauch, Salz und Pfeffer
abschmecken und garen, bis die Pilzflüssigkeit verkocht ist.
Nun die Wirsingblätter mit den Pfifferlingen füllen und zu
Rouladen rollen. Die Kohlrouladen auf den angeschmorten
Wirsing setzen, etwas Brühe oder Wasser angießen und ca.
15 Minuten im Ofen garen.

MUFFLONRÜCKEN
MIT WALDPILZEN GEFÜLLT
AUF LINSEN-LAUCHGEMÜSE

800 g Mufflonrücken mit Rippenknochen (Carré)
250 g Waldpilze
40 g Weißbrot ohne Rinde gewürfelt
50 g Butter
1 Eßlöffel gehackte Petersilie
60 g Margarine
Salz
Pfeffer
200 g gewürfelte Kartoffeln
100 g Linsen
220 g Lauch
30 g Margarine
0,1 l Sahne
100 g geschälte Kartoffeln
Öl

*

Die Weißbrotwürfel in der Butter knusprig braun anrösten
und aus der Pfanne nehmen. Die Waldpilze putzen, würfeln
und in etwas Margarine braten. Jetzt die Petersilie und die
gerösteten Weißbrotwürfel dazu geben, mit Salz und Pfeffer
abschmecken. Den Mufflonrücken der Länge nach an den
Rippenknochen durchstechen und die Tasche mit der
Pilzmasse füllen. Salzen, Pfeffern und in der restlichen
Margarine anbraten, im Ofen ca. 9 Minuten bei 190°C
rosa garen.

*

Den gewaschenen Lauch in Ringe schneiden, in der Margarine ohne Farbe anschwitzen und mit der Sahne ablöschen.
Jetzt die gegarten Linsen und die gegarten Kartoffelwürfel
zugeben, abschmecken und die Sahne etwas einkochen.

*

Die Kartoffel in feine Streifen hobeln - oder schneiden - und
in einer Pfanne mit Öl zu kleinen Kartoffelrösti ausbacken.

*

Das Linsen-Lauchgemüse auf Teller anrichten und darauf
den Kartoffelrösti setzen. Das Muffloncarré in Koteletts
schneiden und neben das Gemüse legen.

*

Dazu paßt eine Rosinen-Essigsauce.

„Es wird mit Recht ein guter Braten Gerechnet zu den guten Taten"

Von Koteletts, Kalbsrippchen und Rehrücken

In Frankfurt nahm Wilhelm Busch, solange er dort noch nicht einen eigenen Haushalt führte, auch an der gemeinsamen Tafel mit der Familie Keßler Platz. Als eine der beiden Keßler-Töchter eines Tages die Mittagsmahlzeit selbst zubereitet und dabei allerlei Lob empfangen hatte, bemerkte sie bescheiden, sie würde wohl niemals in der Küchenkunst perfekt werden. Ihr höflicher Tischnachbar Wilhelm Busch aber zwinkerte ihr jedoch vielsagend zu und bemerkte: „Ein weibliches Wesen, das ein liebes Herz hat, kann auch gut kochen." Einige Tage später erhielt sie das oft zitierte Gedicht, das später in der Sammlung „Kritik des Herzens" aufgenommen wurde:

Es wird mit Recht ein guter Braten
Gerechnet zu den guten Taten;
Und daß man ihn gehörig mache,
Ist weibliche Charaktersache.
Ein braves Mädchen braucht dazu
Mal erstens reine Seelenruh,
Daß bei Verwendung der Gewürze
Sie sich nicht hastig überstürze.
Dann zweitens braucht sie Sinnigkeit,
Ja, sozusagen Innigkeit,
Damit sie alles appetitlich,
Bald so, bald so und recht gemütlich
Begießen, drehn und wenden könne,
Daß an der Sache nichts verbrenne.
In Summa braucht sie Herzensgüte,
Ein sanftes Sorgen im Gemüte,
Fast etwas Liebe insofern,
Für all die hübschen, edlen Herrn,
Die diesen Braten essen sollen
Und immer gern was Gutes wollen.

Ich weiß, daß hier ein jeder spricht:
Ein böses Mädchen kann es nicht.
Drum hab ich mir auch stets gedacht
Zu Haus und anderwärts:
Wer einen guten Braten macht,
Hat auch ein gutes Herz.

Wenngleich Busch von sich selbst auch behauptete, daß er „kein abendlicher Lucullus" sei, so tat dies doch seiner Vorliebe für einen *guten Braten*, vornehmlich aus Schweine- oder Rindfleisch, keinen Abbruch. Koteletts schätzte er sehr. In einem Brief an die Nichte Grete Meyer bedankte er sich für den fleischlichen Reiseproviant, den sie ihm eingepackt hatte: „Das Kalbsrippchen war tadellos, der Wein nicht minder. Beseligt rauchend, ließ ich Wiesen, Bächlein, Kühe und Hügel an mir vorüber ziehn." (26.9.1903)

In anderen Briefen bekannte er, daß er von Zeit zu Zeit einem appetitlichen Rehrücken oder auch einem *Hasen-braten* nicht abgeneigt sei. Den erlegten Hasen aber ließ er sein Schicksal, in der Bratröhre enden zu müssen, auf seine Weise beklagen: „Sie trinken bei dem Braten / Wohl extra Bier und franzschen Wein / Der Hase muß ganz verzehret sein." (Aus „Volkslieder und Reime").

Geschmacksache

Dies für den und das für jenen.
Viele Tische sind gedeckt.
Keine Zunge soll verhöhnen,
Was der anderen Zunge schmeckt.

Lasse jedem seine Freuden,
Gönn ihm, daß er sich erquickt,
Wenn er sittsam und bescheiden
Auf den eignen Teller blickt.

Wenn jedoch bei deinem Tisch er
Unverschämt dich neckt und stört,
Dann so gib ihm einen Wischer,
Daß er merkt, was sich gehört.
(„Zu guter Letzt")

Hasenrücken mit Essig-Pflaumen und Rahmwirsing

2 Hasenrücken ungespickt
200 g fetter Speck, 50 g Margarine
400 g Pflaumen, 50 g Zucker
0,1 l Rotwein, 1 Nelke
2 Eßlöffel Balsamico Essig
750 g Wirsing, 50 g Speckwürfel
50 g Zwiebelwürfel, 50 g Butter
0,1 l Sahne, Salz, Muskatnuß

✳

Den Wirsing von den Außenblättern und Strunk befreien,
in Streifen schneiden und in kochendem Wasser bißfest
garen, abgießen.

✳

Speck- und Zwiebelwürfel in der Butter anschwitzen, mit
der Sahne auffüllen und den Wirsing dazugeben. Mit Salz
und Muskatnuß abschmecken.

✳

Den Zucker karamelisieren, die entsteinten Pflaumen und
die Nelke dazu geben, mit dem Rotwein auffüllen und
garen. Mit dem Essig und etwas Zucker abschmecken.

✳

Die Hasenrücken enthäuten und mit Salz und Pfeffer
würzen. Dann die Margarine erhitzen und die Rücken darin
anbraten, mit Speckscheiben umwickeln und im Ofen ca.
15 Minuten garen.

✳

Die Hasenrücken vom Speck befreien, auslösen, in
Scheiben schneiden und auf den Essig-Pflaumen
anrichten.

STUBENKÜKEN MIT ROSEN-
KOHLBLÄTTERN BELEGT
AUF PILZEN

2 Stubenküken
120 g Rosenkohlblätter
1 Schweinenetz
100 g Butterschmalz
Salz
Pfeffer
400 g Pilze der Saison (Pfifferlinge, Braunkappen,
Steinpilze)
50 g Butter
1 Teelöffel Zwiebelwürfel
1 Teelöffel gehackte Kräuter

*

Brüste und Keulen vom Küken auslösen und enthäuten -
an den Keulen bleibt nur der Haxenknochen -. Die blan-
chierten Rosenkohlblätter für eine Portion auf dem Schweinenetz im Rechteck ausbreiten und eine gewürzte Küken-
keule auflegen. Darauf die gewürzte Brust, mit der spitzen
Seite zum Keulenknochen legen, leicht andrücken und mit
dem Schweinenetz umhüllen. Mit den anderen Kükenteilen
ebenso verfahren. In Butterschmalz anbraten und im Ofen
bei 180°C ca. 12 Minuten garen.

*

Die Zwiebeln in der Butter glasig garen, die geputzten Pilze
darin braun braten, die Kräuter zugeben und
abschmecken.

*

Anrichten: Das Stubenküken auf den Pilzen anrichten,
dazu passen Maisplätzchen.

„Mancher gibt sich viele Müh'
Mit dem lieben Federvieh"

Im Hühnerhof von Wiedensahl und Mechtshausen

Ausführlich beschäftigte sich Wilhelm Busch in Leben und Werk mit dem Federvieh, das er ja in seiner dörflichen Idylle - ganz abgesehen von den Orten seiner Kindertage - in Wiedensahl wie in Mechtshausen stets um sich hatte. So drehen sich denn auch die beiden ersten Streiche seiner berühmtesten Bildergeschichte „Max und Moritz" um Hahn und Hühner:

In Witwe Boltes Haus geht es um einen deftigen, gleich zweifachen Genuß, auf den die geprellte Frau sich freut: Zum einen um drei *Hühner* und ein *Hähnchen*, die die bösen Buben auf hinterlistige Weise ins Jenseits befördert haben. Zum andern aber läßt die Witwe Bolte in dem Bestreben, sich wenigstens aus den traurigen Resten des geliebten Federviehs eine schmackhafte Mahlzeit oder auch deren mehrere zu bereiten, die große Pfanne auf dem Herd unter der offenen Esse kurze Zeit unbeaufsichtigt, um aus dem Sauerkrautfaß im Keller eine Beilage für die vorbereitete Mahlzeit zu holen. Und so nimmt denn im Zweiten Streich der siebenteiligen Bubengeschichte das Unheil seinen Lauf:

Als die gute Witwe Bolte
Sich von ihrem Schmerz erholte
Dachte sie so hin und her,
Daß es wohl das beste wär',
Die Verstorb'nen, die hienieden
Schon so frühe abgeschieden,
Ganz im stillen und in Ehren
Gut gebraten zu verzehren.
- Freilich war die Trauer groß,
Als sie nun so nackt und bloß
Abgerupft am Herde lagen,
Sie, die einst in schönen Tagen
Bald im Hofe, bald im Garten
Lebensfroh im Sande scharrten.

Ach, Frau Bolte weint aufs neu,
Und der Spitz ist auch dabei.

Max und Moritz rochen dieses:
„Schnell aufs Dach gekrochen!" hieß es.

Durch den Schornstein mit Vergnügen
Sehen sie die Hühner liegen,
Die schon ohne Kopf und Gurgeln
Lieblich in der Pfanne schmurgeln.

Eben geht mit einem Teller
Witwe Bolte in den Keller,

Daß sie von dem Sauerkohle
Eine Portion sich hole,
Wofür sie besonders schwärmt,
Wenn er wieder aufgewärmt.

- Unterdessen auf dem Dache
Ist man tätig bei der Sache.
Max hat schon mit Vorbedacht
Eine Angel mitgebracht.

Schnupdiwup! da wird nach oben
Schon ein Huhn heraufgehoben.
Schnupdiwup! jetzt Numro zwei;
Schnupdiwup! jetzt Numro drei:
Und jetzt kommt noch Numro vier;
Schnupdiwup! dich haben wir!! -
Zwar der Spitz sah es genau,
Und er bellt: Rawau! Rawau!

Aber schon sind sie ganz munter
Fort und von dem Dach herunter.

- Na, das wird Spektakel geben,
Denn Frau Bolte kommt soeben.
Angewurzelt stand sie da,
Als sie nach der Pfanne sah.
[...]

- Max und Moritz im Verstecke
Schnarchen aber an der Hecke,
Und vom ganzen Hühnerschmaus
Guckt nur noch ein Bein heraus.

„Junge Hähnchen, sanft gebraten / Dazu kann man dringend raten", empfiehlt Wilhelm Busch aus dem Born seiner reichen kulinarischen Erfahrung in seiner Bildergeschichte „Abenteuer eines Junggesellen". Aus Mechtshausen berichtet er an Johanna Keßler: „Die Hähnchen im Hühnerhof sind in Angriff genommen. Enten, Gänse und Puter reifen ihrem späteren Schicksal entgegen; denn bis jetzt sind wir leider noch Mörder und Fleischfreßer und begnügen uns mit der Hoffnung, daß dereinst in zehntausend Jahren mal beßre Menschen kommen." (25.9.1901).

Skrupel solcher Art mag unser Dichter wohl auch empfunden haben, als ihm Onkel Woltmann eines Tages sechs Krammetsvögel* schenkte: „Ich ließ sie sammt ihrer natürlichen Füllung braten, mußte sie aber in folge deßen ohne fremde Mitwirkung verzehren, und zwar recht gerne." (An Hermann Nöldeke, 26.11.1883)

In „Eduards Traum" beneidet der Erzähler einen alten Schäfer, der, unter einem schattigen Baum liegend, „sein Vesperbrot verzehrte, bestehend aus einer Flasche Rotwein nebst drei *gebratenen Tauben".*

Mehrfach erhielt er von seinen Frankfurter Freunden Keßler zum Weihnachtsfest Schnepfen. Höflich bedankte Wilhelm Busch sich jeweils für die „langgeschnäbelten Vöglein", die er mit Vergnügen verputzt habe. Dabei fügte er zum Dank und Neujahrswunsch 1897 die Zeichnung eines kecken Engleins hinzu: „Das schmeckt, wie wenn Einem 'n Engel was auf die Zunge macht."

---

* Krammetsvogel = Turdus pilaris, auch Wacholderdrossel

Der alte Förster Püsterich
Der ging nach langer Pause
Mal wieder auf den Schnepfenstrich
Und brachte auch eine nach Hause.

Als er sie nun gebraten hätt,
Da tät ihn was verdreußen;
Das Tierlein roch wie sonst so nett,
Nur konnt er's nicht recht mehr beißen.

Ach ja! So seufzt er wehgemut
Und wischt sich ab die Träne
Die Nase wär so weit noch gut
Nur bloß, es fehlen die Zähne.
(„Kritik des Herzens")

Um eine üppige Geflügelmahlzeit, zu der ein wohlhabender Prasser im Gasthaus sich eine Flasche Wein genehmigt, geht es in der Bildergeschichte „Der neidische Handwerksbursch":

Die Zeitung ist oft int'ressant.
Ein Hähnerl nimmt man gern zur Hand.

Das Hähnerl hier ist für den Dicken.
Der Handwerksbursch' fühlt Magenzwicken. [...]

Am 11. November, dem Martinstag, war es früher und ist es zumal in ländlichen Gegenden, auch heute noch üblich, daß man an diesem einst wichtigen Pacht- und Dienstzeittermin eine Martinsgans schlachtete. Von der enttäuschten Vorfreude auf deren Genuß erzählt in aller Breite das Gedicht „Die Meise":

Auguste, wie fast jede Nichte,
Weiß wenig von Naturgeschichte.
Zu bilden sie in diesem Fache,
Ist für den Onkel Ehrensache.
„Auguste", sprach er, „glaub es mir,
Die Meise ist ein nettes Tier.
Gar zierlich ist ihr Leibesbau,
Auch ist sie schwarz, weiß, gelb und blau.
Hell flötet sie und klettert munter
Am Strauch kopfüber und kopfunter.
Das härt'ste Korn verschmäht sie nicht,
Sie hämmert, bis die Schale bricht.
Mohnköpfen bohrt sie mit Verstand
Ein Löchlein in den Unterrand,
Weil dann die Sämerei gelind
Von selbst in ihren Schnabel rinnt.
Nicht immer liebt man Fastenspeisen,
Der Grundsatz gilt auch für die Meisen.
Sie gucken scharf in alle Ritzen,
Wo fette Käferlarven sitzen,
Und fangen sonst noch Myriaden
Insekten, die dem Menschen schaden;
Und hieran siehst du außerdem,
Wie weise das Natursystem." -
So zeigt' er, wie die Sache lag.
Es war kurz vor Martinitag.
Wer dann vernünftig ist und kann's
Sich leisten, kauft sich eine Gans.
Auch an des Onkels Außengiebel
Hing eine solche, die nicht übel,
Um, nackt im Freien aufgehangen,
Die rechte Reife zu erlangen.

Auf diesen Braten freute sich
Der Onkel sehr und namentlich
Vor allem auf die braune Haut,
Obgleich er sie nur schwer verdaut.
Martini kam, doch kein Arom
Von Braten spürt' der gute Ohm.
Statt dessen trat voll Ungestüm
Die Nichte ein und zeigte ihm
Die Gans, die kaum noch Gans zu nennen,
Ein Scheusal, nicht zum Wiederkennen,
Zernagt beinah bis auf die Knochen.
Kein Zweifel war, wer dies verbrochen,
Denn deutlich lehrt der Augenschein,
Es konnten nur die Meisen sein.
Also ade! du braune Kruste! -
„Ja, lieber Onkel", sprach Auguste,
Die gern, nach weiblicher Manier,
Bei einem Irrtum ihn ertappt:
„Die Meise ist ein nettes Tier.
Da hast du wieder recht gehabt."

Die Gems' im Freien übernachtet.
Martini hat die Gänse geschlachtet.
(„Naturgeschichtliches Alphabet")

Ein Brief an die Nichte Grete Meyer schließt Wilhelm Busch mit dem frohlockenden Zusatz: „Gestern verzehrten wir einen Hasen; eine fette Gans schwebt noch ahnungsvoll am Bodenfenster." (30.11.1899)

Da kommt der Koch herbei sogleich
Und lacht: „Hehe, jetzt hab ich euch!"
(„Die beiden Enten und der Frosch")

Wie zur passenden textlichen Begleitung des Bildes vom fetten Koch, der zufrieden zwei Enten dem Kochtopf zuführt, klingt es in einem Brief an den Vetter Wilhelm Everding im Anhang zu der darin mitgeteilten „Gänsehistorie ohne Ende": „Die Köchin schleift ihr langes spitzes Meßer; ergreift die Gänse, schlachtet sie vielleicht in derselbigen Stunde und kocht sie in Gallert ein. Da ruhen sie dann in ein und demselben Topfe durch den Tod vereinigt, die treuen Gänsebrüste neben einander - und wenn sie dereinst verzehrt werden, möcht ich Auch mit dabei sein." (9.5.1865)

HÄHNCHENBRUST
AUF KÜRBISSAUERKRAUT
MIT GERÄUCHERTER
KARTOFFELSAUCE

4 Hähnchenbrüste
1 Eßlöffel Butterschmalz
Salz, Pfeffer
Kürbissauerkraut
200 g Sauerkraut, 4 Eßlöffel Zwiebelwürfel
200 g eingelegten Kürbis, 0,2 l Weißwein
1 Eßlöffel Schweineschmalz, Salz, Zucker
Geräucherte Kartoffelsauce
125 g Kartoffelwürfel
0,2 l Räucherfond, z.b. vom Kasseler
50 g Sahne, Salz

Kürbissauerkraut
Zwiebelwürfel im Schweineschmalz anschwitzen, das
Sauerkraut sowie den pürierten Kürbis mit Saft hinzugeben
und mit dem Weißwein auffüllen, ca. $^1/_2$ Stunde leicht
kochen lassen.

Geräucherte Kartoffelsauce
Kartoffelwürfel garen und räuchern. Nun zusammen mit
dem Räucherfond durchkochen lassen, anschließend
pürieren und passieren, abschmecken und mit der Sahne
verfeinern.

Hähnchenbrust
Die Hähnchenbrüste würzen, scharf auf der Hautseite
anbraten und im Ofen bei 200°C ca. 12 Minuten garen.

Anrichten: Die Hähnchenbrust auf das Kürbissauerkraut
in der Tellermitte anrichten, mit der Kartoffelsauce umgießen und mit Kürbisperlen garnieren.
Dazu Kartoffelpüree.

TAUBENBRUST MIT RAVIOLI VON EIGENEN INNEREIEN

8 Taubenbrüste
1 Eßlöffel Butterschmalz
200 g Mehl, 5 Eigelb, 4 cl Olivenöl
2 Eigelb zum bestreichen
120 g gewürfelte Taubenleber
100 g Taubenherzen
20 g Steinpilze
20 g Zwiebelwürfel, 2 Eigelb
1 Teelöffel Butter
Salz, Pfeffer, Rosmarin

*

Mehl, Eigelb und Olivenöl zu einem glatten Teig verkneten,
in Klarsichtfolie wickeln und ca. 1 Stunde ruhen lassen.
Taubenherzen im Geflügelfond garen und fein würfeln.
Zwiebeln in der Butter anschwitzen, gehackte Steinpilze,
Taubenherzen und Taubenleber dazugeben, alles kurz
durchschwenken und anschließend abtropfen lassen. Dann
die 2 Eigelbe unter die Masse mengen. Den Teig dünn
ausrollen und mit Eigelb bepinseln. Die Innereienmasse
häufchenweise auf die eine Hälfte des Teiges setzen und
den Rest Teig überklappen. 12 Ravioli ausstechen und im
Salzwasser garen. Taubenbrüste würzen, in dem Butterschmalz anbraten und bei 200°C ca. 5 Minuten
im Ofen garen.

*

Anrichten: Die Taubenbrüste auf geschmorten Spitzkohl
setzen und mit den Ravioli umlegen.

„Das weiß ein jeder, wer's auch sei, Gesund und stärkend ist das Ei"

Aber: Wer Eier legen will, braucht Seelenruhe

Seine Frankfurter Brieffreundin Johanna Keßler beglückwünschte Busch zu ihrem Entschluß, sich selbst eine Hühnerhaltung zuzulegen: „a Ei 50 *Pf*, aber Vergnügen für 'ne Mark bei jedem, besonders wenn Sie jedes persönlich in Empfang nehmen." Der erfahrene Hühnerhalter rät der Anfängerin im selben Brief vom 10.4.1897: „Füttern Sie die guten Gackelchen nur nicht zu fett, denn sonst meinen sie gleich, daß das Legen nicht weiter mehr nöthig sei."

Dieses ganz und gar unerwünschte Resultat allzu wohlmeinenden Hühnerfütterns nimmt Busch in einem Gedicht aufs Korn:

Zu gut gelebt

Frau Grete hatt' ein braves Huhn,
Das wußte seine Pflicht zu tun.
Es kratzte hinten, pickte vorn,
Fand hier ein Würmchen, da ein Korn,
Erhaschte Käfer, schnappte Fliegen
Und eilte dann mit viel Vergnügen
Zum stillen Nest, um hier geduldig
Das zu entrichten, was es schuldig.
Fast täglich tönte sein Geschrei:
Viktoria, ein Ei, ein Ei!
Frau Grete denkt: O, welch ein Segen,
Doch könnt es wohl noch besser legen.
Drum reicht sie ihm, es zu verlocken,
Oft extra noch die schönsten Brocken.
Dem Hühnchen war das angenehm.
Es putzt sich, macht es sich bequem,
Wird wohlbeleibt, ist nicht mehr rührig
Und sein Geschäft erscheint ihm schwierig.

Kaum daß ihm noch mit Drang und Zwang
Mal hie und da ein Ei gelang.
Dies hat Frau Gretchen schwer bedrückt,
Besonders, wenn sie weiterblickt;
Denn wo kein Ei, da ist's vorbei
Mit Rührei und mit Kandisei.
Ein fettes Huhn legt wenig Eier.
Ganz ähnlich geht's dem Dichter Meier,
Der auch nicht viel mehr dichten kann,
Seit er das große Los gewann.
(„Zu guter Letzt")

Mit liebevoller Sorge beobachtet er, daß die „nützlichen und spaßhaften Hühnervögel" sich nicht recht eingelebt haben und nicht legen, weil sie allerlei störende Veränderungen im Stall ertragen mußten. Und der Briefschreiber folgert: „Wer Eier legen will, braucht Seelenruhe". (An Nanda Keßler, 8.12.1898) Wenig später berichtet er zufrieden: „Drei Glucken haben 30-40 Küchlein in mütterlicher Obhut. Eine sitzt noch auf 12 Enteneiern. Und dann auch ein Putchen, das sitzt und sitzt mit einer wirklich rührenden Versimpelung." (An Grete Meyer, 23.6.1900)

Geradezu küchenfachmännisch aber weiß unser Dichter die Qualitäten des Hühnereies zu preisen:

Das weiß ein jeder, wer's auch sei,
Gesund und stärkend ist das Ei.
Nicht nur in allerlei Gebäck,
Wo es bescheiden im Versteck;
Nicht nur in Soßen ist's beliebt,
Weil es denselben Rundung gibt;
Nicht eben dieserhalben nur
Nein, auch in leiblicher Statur,
Gerechtermaßen abgesotten,
Zu Pellkartoffeln, Butterbroten
Erregt dasselbe fast bei allen
Ein ungeteiltes Wohlgefallen.
(„Der Geburtstag oder Die Partikularisten")

Eierspeisen standen in der sparsamen Küche Wilhelm Buschs hoch in Kurs. „Schön gelb und rund, gleich dem Eierkuchen in der Pfanne, ehe er völlig gereift ist, schwebte der Mond im Himmelsraum," bemüht er einen poetisch-kulinarischen Vergleich („Der Schmetterling"). In „Eduards Traum" stellt er dem Leser einen Barbier vor, „der mit wenig Seife viel Schaum schlagen konnte und der sich demnächst mit einer Köchin verheiraten wollte, die ohne Schwierigkeiten ein einziges Eiweiß zu mehr als fünfzig Schaumklößen aufbauschte."

Zu den Lieblingsspeisen des emsigen Junggesellen gehörte *Pfannkuchen* und Salat":

Pfannkuchen und Salat

Von Fruchtomletts da mag berichten
Ein Dichter aus den höhern Schichten.

Wir aber, ohne Neid nach oben,
Mit bürgerlicher Zunge loben
Uns Pfannekuchen und Salat.

Wie unsre Liese delikat
So etwas backt und zubereitet,
Sei hier in Worten angedeutet.

Drei Eier, frisch und ohne Fehl,
Und Milch und einen Löffel Mehl,
Die quirlt sie fleißig durcheinand
Zu einem innigen Verband.

Sodann, wenn Tränen auch ein Übel,
Zerstückelt sie und mengt die Zwiebel
Mit Öl und Salz zu einer Brühe,
Daß der Salat sie an sich ziehe.

Um diesen ferner herzustellen,
Hat sie Kartoffeln abzupellen.
Da heißt es, fix die Finger brauchen,

Den Mund zu spitzen und zu hauchen,
Denn heiß geschnitten nur allein
Kann der Salat geschmeidig sein.

94

Hierauf so geht es wieder heiter
Mit unserm Pfannekuchen weiter.

Nachdem das Feuer leicht geschürt,
Die Pfanne sorgsam auspoliert,
Der Würfelspeck hineingeschüttelt,
So daß es lustig brät und brittelt,
Pisch, kommt darüber mit Gezisch
Das ersterwähnte Kunstgemisch.

Nun zeigt besonders und apart
Sich Lieschens Geistesgegenwart,
Denn nur zu bald wie allbekannt,
Ist solch ein Kuchen angebrannt.

Sie prickelt ihn, sie stockert ihn,
Sie rüttelt, schüttelt, lockert ihn
Und lüftet ihn, bis augenscheinlich
Die Unterseite eben bräunlich,
Die umgekehrt geschickt und prompt
Jetzt ihrerseits nach oben kommt.

Geduld, es währt nur noch ein bissel,
Dann liegt der Kuchen auf der Schüssel.

Doch späterhin die Einverleibung,
Wie die zu Mund und Herzen spricht,
Das spottet jeglicher Beschreibung,
Und darum endet das Gedicht.

In „Plisch und Plum" stoßen wir gleichfalls auf die favorisierte Leichtspeise:

Mama Fittich machte grad
Pfannenkuchen und Salat,
Das bekannte Leibgericht,
Was so sehr zum Herzen spricht.

Oder in der „Knopp-Trilogie":

Schnell flieht der Morgen. - Unterdessen
Bereitet man das Mittagessen.

95

Was dies betrifft, so muß man sagen,
Kann Knopp sich wirklich nicht beklagen.
Zum Beispiel könnt er lange suchen
Nach solchem guten Pfannnekuchen.

Hierin ist Doris ohne Fehl.
Stets nimmt sie einen Löffel Mehl,
Die nöt'ge Milch, dazu drei Eier,
Ja vier sogar, wenn sie nicht teuer;
Quirlt dies sodann und backt es braun
Mit Sorgfalt und mit Selbstvertraun;

Und jedesmal spricht Knopp vergnüglich:
„Der Pfannekuchen ist vorzüglich!"

Verfeinern ließ sich das allseits beliebte, daher auch bekömmliche und als Fastenspeise geeignete Gericht durch die Beigabe von Beerenobst, *Kompott* und anderen Süßspeisen. Falls sie nicht, wie hier, einem Bösewicht zum Opfer fallen.

Nichts Schönres gab's für Tante Lotte
Als Schwarze-Heidelbeer-Kompotte.

Doch Huckebein verschleudert nur
Die schönste Gabe der Natur.

Allerdings: ein total unliebsames Ende findet der Pfannku-
chenschmaus im Hause Fittich („Plisch und Plum"):

Wer sich freut, wenn er betrübt,
Macht sich meistens unbeliebt [...]

Lästig durch die große Hitze
Ist die Pfannenkuchenmütze [...]

„Höchst fatal!" - bemerkte Schlich
„Aber diesmal auch für mich!"

Pfannkuchentorte
mit Waldpilzen

Pfannkuchen
40 g Mehl
2 Eier
0,2 l Milch
10 g Butter
Salz

Waldpilzfüllung
1250 g Waldpilze
50 g Butter
50 g Zwiebelwürfel
2 Eßlöffel gehackte Petersilie
2 Eier

✳

Aus Mehl, Eier, Milch und flüssiger Butter einen glatten
Teig herstellen und 4 dünne Pfannkuchen mit einem
Durchmesser von 18 cm backen.

✳

Die Waldpilze putzen und grob hacken. Die Zwiebelwürfel
in der Butter glasig anbraten und die Pilzwürfel zugeben.
Die Pilzmasse braten, bis die Flüssigkeit verkocht ist. Mit
Salz, Pfeffer abschmecken. Unter die abgekühlte Pilzmasse
die Petersilie und die Eier rühren. In eine gebutterte
Springform - 18 cm - einen Pfannkuchen legen, darauf
Pilze. Den Vorgang wiederholen, daß ein Pfannkuchen den
Abschluß bildet. Mit Butter bepinseln und, die Form mit
Alufolie abgedeckt, bei 180°C im Ofen ca.
50 Minuten garen.

✳

Die Pfannkuchentorte portionieren und dazu einen
jahreszeitlichen Salat reichen.

Erdbeer-Joghurtkrem

360 g Erdbeeren
6 cl Orangensaft
180 g Zucker
12 Blatt Gelatine
500 g Joghurt, natur
6 cl weißer Rum
0,25 l Sahne

*

Die frischen Erdbeeren waschen, putzen, pürieren und passieren. Orangensaft mit dem Zucker aufkochen, die eingeweichte Gelatine darin auflösen, mit dem Joghurt verrühren. Nun das Erdbeerpüree dazu geben und mit dem weißen Rum abschmecken. Beginnt die Masse zu gelieren, die geschlagene Sahne unterheben und in vorbereitete Schalen füllen. Mit Erdbeeren und Pistaziensahne garnieren.

Buttermilchmousse
im geschichteten
Eierkuchenmantel
mit Piment-BackpflaumeN

Piment-Backpflaumen:
12 Backpflaumen
0,25 l Rotwein
1 Teelöffel Pimentkörner
100 g Zucker

Eierkuchenmantel
100 g Mehl
0,1 l Milch
4 Eier
2 cl Rum
100 g Zucker

Buttermilchmousse
Saft einer halben Orange
75 g Zucker
3 Blatt Gelatine
0,25 l Buttermilch
0,2 l Sahne

∗

Piment-Backpflaumen
Den Rotwein mit dem Zucker und den Pimentkörnern
aufkochen und die gewaschenen Backpflaumen dazugeben.
Vom Feuer nehmen und 3 Stunden ziehen lassen.

∗

Eierkuchenmantel
Mehl, Milch, Eigelb, Rum und Zucker zu einem glatten Teig
verrühren und dann das geschlagene Eiklar unterheben. In

einer feuerfesten Form die Masse schichtweise unter dem Salamander backen. Erkalten lassen, in Streifen schneiden und Timbale damit auslegen.

Buttermilchmousse

Orangensaft mit dem Zucker aufkochen, die eingeweichte Gelatine darin auflösen und die Buttermilch dazugeben. Dann passieren und abkühlen lassen. Wenn die Masse zu gelieren beginnt, die geschlagene Sahne unterheben und in die vorbereiteten Timbale füllen und 2 Stunden kaltstellen.

Anrichten: Die Timbale stürzen und auf Teller plazieren, die Backpflaumen mit etwas Saft anlegen, mit Minze und Sahnetupfer garnieren.

ERDBEER-RHABARBER-KOMPOTT MIT GRIESSKNÖDEL

250 g halbierte Erdbeeren
400 g Rhabarber in 3 cm langen Stücken
300 g Zucker
0,2 l Rotwein
0,1 l Apfelsaft
20 g Kartoffelmehl
1 Vanilleschote
170 ml Milch
40 g Butter
65 g Grieß
1 Eßlöffel Zucker
2 Eier
1 Zitrone

*

Den Rotwein mit Apfelsaft, Zucker und Vanilleschote
aufkochen und mit dem aufgelösten Kartoffelmehl ab-
binden. Den Rhabarber hinzugeben, aufkochen und vom
Herd nehmen. Das Kompott abkühlen lassen und die
vorbereiteten Erdbeeren unterheben.

*

Die Milch mit der Butter und dem Zucker aufkochen. Nun
den Grieß einrieseln lassen und rühren, bis sich auf dem
Topfboden ein weißer Belag bildet. Die Masse etwas abkühlen lassen und die abgeriebene Schale der Zitrone mit
dem Ei unter die Grießmasse rühren. Aus der erkalteten
Masse Kugeln formen und in gezuckertem Wasser
ca. 10 Minuten garen.

*

Das Rhabarber-Erdbeer-Kompott mit dem Grießknödel
in Teller anrichten.

„Denn Spargel, Schinken, Koteletts Sind doch mitunter auch was Nett's"

Aus Anbaugebieten bei Hannover und Braunschweig

Spargel, das edle Frühlingsgemüse, stand nicht nur häufig auf Wilhelm Buschs Wiedensahler Speisezettel, sondern wurde von ihm, wenn möglich, auch an Verwandte und Freunde verschickt. Für die Aufbewahrung des Gerichtes gibt er zugleich gute Ratschläge, wie jede Hausfrau sie heute noch kennt und praktiziert: „Ich laße euch heut noch etwas Spargel schicken, den ihr, wenn ihr ihn einige Tage vielleicht aufheben wolltet, im Keller niederlegen und mit feuchter Erde oder einem angefeuchteten Tuch zudecken müßtet." (An Hermann Nöldeke, 5.6.1888)

Da der häusliche Garten sich offenbar zum Spargelanbau weniger gut eignete oder Busch und die Familie die damit verbundene Mühe scheute, bezog er das Gemüse in der Regel aus den Anbaugebieten um Hannover und Braunschweig, eine Sorte im übrigen, „die sich verschicken läßt." Um Spargelsprossen aber geht es auch in einem langen Briefgedicht, das Wilhelm Busch am 22.8.1872 an Nanda und Letty Keßler in Frankfurt schickte:

Dann währt's nicht lang, so thät mir winken
Die Frühstückszeit mit Wurst und Schinken.
Zu Mittag gab es Spargelsproßen,
Welche bei Nacht hervorgeschoßen.
Aber beim Abendsonnenschein
Trug man den guten Wein herein.

In der Bildergeschichte „Die fromme Helene" gelangt das frischvermählte Paar Georg Schmöck und Helene auf der Hochzeitsreise nach Heidelberg, „dem Freudenort der Neuvermählten." Nach anstrengendem Besichtigungsprogramm, wo die Ruinen des alten Schlosses ebenso gewürdigt

wie das berühmte große Weinfaß bestaunt wurden, stärkt
sich das Hochzeitspaar saisongemäß mit edlem Frühlingsgemüse in seinem Hotel:

Denn Spargel, Schinken, Koteletts
Sind doch mitunter auch was Nett's.

PARFAIT VON FRISCHEM SPARGEL

300 g geschälter Spargel
0,25 l helle Geflügelbrühe
100 g flüssige Butter
6 Blatt weiße Gelatine
200 g leicht geschlagene Sahne
Salz
Zucker
Pfeffer aus der Mühle

Vom Spargel die Köpfe abschneiden und in Salzwasser garen. Die Stiele in der Geflügelbrühe weichkochen. Zusammen mit der eingeweichten Gelatine und der flüssigen Butter pürieren. Die angeschlagene Sahne unter die erkaltete Masse ziehen, mit Salz, Zucker und Pfeffer abschmecken. In Formen füllen und im Kühlschrank vier Stunden durchkühlen lassen. Das gekühlte Parfait stürzen, in Scheiben schneiden und eine Kerbelsauce dazu reichen, mit den Spargelköpfen garnieren.

„Und emsig setzt er sich zu Tische, Denn heute gibt's Salat und Fische"

Süß- und Salzwasserköstlichkeiten

In der zweiten Fassung seiner Selbstbiografie „Von mir über mich" erinnerte sich der inzwischen 62 Jahre alte Wilhelm Busch der frohen und sorglosen Kindertage, die er unter der Obhut seines Onkels und Erziehers Pastor Georg Kleine in Ebergötzen verbrachte.

Zusammen mit dem fast gleichaltrigen Müllerssohn Erich Bachmann, dem er bis zu dessen Tode freundschaftlich ein langes Leben lang verbunden blieb, durchstreiften sie das Dorf und seine Umgebung und trieben ihre Studien in der freien Natur, mit Vorliebe auch am Bach, der die Wassermühle der Familie Bachmann antrieb: „Der Schlupfwinkel keiner Forelle, den ganzen Bach entlang, blieb unbemerkt von uns." Mit viel Geschick fischten die beiden Freunde die flinken Fische mit bloßer Hand aus dem Wasser und erledigten ihre Beute an Ort und Stelle mit dem Messer.

Forellen gehören daher also zu den ersten „fischigen" Erfahrungen des jungen Wilhelm Busch.

An Nanda und Letty Keßler schrieb Busch zu Weihnachten 1873 einen ausführlichen Brief. Darin schwärmte er vom bachfrischen Forellenfang anläßlich eines Besuches bei Erich Bachmann in Ebergötzen und ließ sich auch ausführlich über deren Fang aus:

„Den andern Tag gingen wir auch einmal den Bach hinunter spatzieren, und wo die Weiden stehn da war eine recht tiefe Stelle, und da sahen wir, daß Forellen drin schwammen. Schnell riefen wir zwei Mühlenburschen, die kamen mit Spaten und Eimern; das Waßer wurde abgedämmt, die tiefe Stelle leer geschöpft, und herauf an's hohe Ufer wurden die Fische geworfen, die zappelten und wären gerne wieder in's Waßer gesprungen, aber da hieß es: Federmeßer raus! durch den Schwanz gestochen, daß das Blut heraus lief, und Abends lagen sie in der Pfanne und brieten und brodelten. Ihr

Forellenfischende Freunde in Ebergötzen:
Erich Bachmann und Wilhelm Busch
Zeichnungen von Wilhelm Busch, 1846

lieben Mädercher! wäret Ihr nur da gewesen, Ihr hättet auch
Was abgekriegt."
    Später bedankte sich der nach Wiedensahl zurückgekehrte
Wilhelm Busch bei seinem Ebergötzener Freund für eine
Sendung Forellen: „Du hast mir wirklich eine angenehme
Überraschung damit bereitet, um so mehr, da Hermann, dem
ich den Auftrag gegeben, mir schreibt, daß er in Ülzen keine
hätte auftreiben können. In einer Stunde sollen sie gegeßen
werden und mir hoffentlich gut schmecken, obgleich ich
mein einziger Gast bin." (An Erich Bachmann, 3.5.1876)
    Wenn Busch sich auch nicht mit den wohlhabenden Frank-
furter Freunden Keßler messen konnte und wollte, wo man
an der Tafel des Bankiers „abends noch Hummer ißt", so blieb
er Fischgerichten doch zeitlebens treu.
    In einem Brief an Grete Thomsen geb. Meyer in Münster
erinnert sich der Verfasser an eine gemeinsame Reise der
Nichte mit dem hochbetagten Künstler nach Düsseldorf: „Wie
dort, abgesehn von der angenehmen Begleitung, der Fisch
und die Bratkartoffeln so zu sagen das Beste waren, so hier
der Schweitzerkäs und das echte münchener Salvatorbier."
(12.3.1904)

Während Wilhelm Busch im Gedicht „Ich bin Papa"
(„Schein und Sein") reimt: „Heut mittag gibt es wieder mal /
Mein Leibgericht, „gespickten Aal", gibt er in der Bildergeschichte „Hänschen Däumling" („Stippstörchen") zu er-
kennen, daß er von der Zubereitung edlen Süßwasserfisches
durchaus etwas versteht:

„Er überbringt ihn Hänschens Mutter,
Die denkt: „Den braten wir in Butter!"
Ein trauriges Ende hingegen nimmt die Fischmahlzeit des
frischgebackenen Papas Georg Schmöck („Die fromme Hele-
ne"). Schmöck schreitet erwartungsfroh zu Tisch - allein, weil
Madame indessen im Kindbett liegt:

Bald drauf um zwölf kommt Schmöck herunter,
So recht vergnügt und frisch und munter.

Und emsig setzt er sich zu Tische,
Denn heute gibt's Salat und Fische.

Autsch! - Eine Gräte kommt verquer,
Und Schmöck wird blau und hustet sehr;

Und hustet, bis ihm der Salat
Aus beiden Ohren fliegen tat.

Bums! Da! Er schließt den Lebenslauf.
Der Jean fängt schnell die Flasche auf.

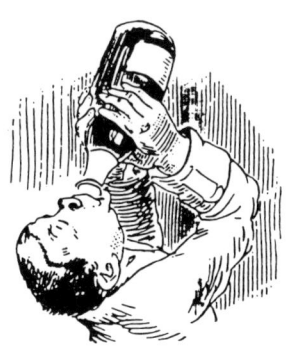

„Oh!" - sprach der Jean - „Es ist ein Graus!
Wie schnell ist doch das Leben aus!"

Gern und häufig sprach Wilhelm Busch dem *Hering* zu, damals noch ein Arme-Leute-Gericht. Wobei angemerkt werden sollte, daß die meisten Heringsfänger der deutschen Fangflotte in den Wiedensahl unmittelbar benachbarten Dörfern nördlich von Minden beheimatet waren.

Diese Vorliebe für den Hering mag bei Busch zusätzlichen Auftrieb bekommen haben durch den von ihm verehrten Kanzler Otto von Bismarck: „Ich habe vor Bismarck eine außerordentlich hohe Achtung und Bewunderung." Kein geringerer als Bismarck lieh seinen bis heute gültigen Namen dem Hering, von dem der Kanzler behauptete, er würde als Delikatesse gelten, wäre er so selten und so teuer wie Hummer.

Seinem Freund Lorenz Gedon in München schickte Wilhelm Busch ein versprochenes Rezept, wie man Heringskartoffeln zubereitet:

„Zuvörderst bezeuge ich Deiner liebenswürdigen und perfecten Köchin meine ergebenste Hochachtung! - Demnächst erkühne ich mich, Deine Frage wegen der Häringskartoffeln versprochenermaßen zu beantworten. Man legt in der Schale gekochte und in Scheiben geschnittene Kartoffeln abwechselnd mit gehacktem Häring in eine Blechform. Sodann verquirlt man sauren Rahm, Eier und zerstoßenen Zwieback, gießt's drüber, schiebt die ganze Geschichte in den Bratofen und läßt sie stehen, bis sie krustig wird. - Besten Appetit!" (13.3.1877)

ÜBERKRUSTETER KABELJAU MIT STEINHUDER SCHMORAALSAUCE

500 g Kabeljaufilet
200 g Räucheraal
100 g geriebenes Weißbrot
1 Ei
1 Eßlöffel gehackte Petersilie
0,1 l Olivenöl
Salz

*

Schmoraalsauce
1 Karotte
$1/2$ Stange Lauch
1 Tomate
2 Wacholderbeeren
0,05 l Olivenöl
0,1 l Rotwein
0,5 l Fischfond

*

Räucheraal entgräten und die kleingeschnittenen Gräten im Olivenöl mit Karotten- und Lauchwürfel anbraten. Die Tomatenecken und Wacholderbeeren mit anrösten, mit Rotwein ablöschen und mit dem Fischfond auffüllen. 1 Stunde ziehen lassen und durch ein Tuch passieren, auf 0,2 l Sauce reduzieren, abschmecken.

*

Den gewürzten Kabeljau in dem Olivenöl anbraten, mit der Masse aus gewürfeltem Rauchaal, Weißbrot, Ei und Petersilie bestreichen, im Ofen garen.

*

Anrichten: Überkrusteten Kabeljau auf Wurzelgemüse setzen und mit der Schmoraalsauce umgießen. Dazu Kartoffelpüree reichen.

MOUSSE VON GERÄUCHERTEN FORELLEN

500 g Forellenfilets mit Haut
0,25 l Creme fraiche
0,25 l Creme double
6 Blatt Gelatine
Salz

*

Die Haut von den Forellenfilets mit 0,25 l Wasser aufkochen und 30 Minuten ziehen lassen. Das Forellenfleisch mit dem Forellenfond und Creme fraiche pürieren und durch ein Sieb streichen. Nun die eingeweichte und aufgelöste Gelatine unterrühren und abschmecken. Am Gelierpunkt die leicht angeschlagene Creme double unterheben und in Förmchen füllen, 3 Stunden kühlstellen.

*

Anrichten: Die Förmchen stürzen, auf Teller anrichten, mit Blattsalaten umlegen und eine Preiselbeer-Meerrettichsahne dazu reichen.

Terrine von Boddermelk-
anballersse mit Piment
gebeiztem Lachs

150 g Lachsfilet
5 g Salz
5 g Zucker
10 g Piment gemahlen
120 g Kartoffeln
1 Lorbeerblatt
3 Pfefferkörner
$^1/_2$ Teelöffel Pimentkörner
0,1 l Buttermilch
2 Blatt Gelatine
50 ml Creme double
Piment gemahlen

∗

Das Lachsfilet mit Salz, Zucker und dem gemahlenen
Piment etwa 24 Stunden beizen, danach den Piment vorsichtig vom Lachsfilet streichen. Die Kartoffeln schälen und
in kleine Würfel schneiden, mit dem Lorbeerblatt, den
Pfeffer- und Pimentkörnern garkochen, abgießen und
abkühlen. Die Gelatine einweichen und auflösen, Buttermilch dazugeben, mit Salz und Piment abschmecken und
durch ein feines Sieb passieren, kaltstellen. Wenn die
Masse zu gelieren beginnt, die geschlagene Creme double
unterheben. Jetzt die kalten Kartoffelwürfel mit der Buttermilchmasse vermengen und eine Terrinenform zu einem
Drittel damit füllen, anziehen lassen, Lachs darauf legen
und anschließend mit der restlichen Buttermilchmasse
auffüllen. 6 Stunden kühlen.

∗

Anrichten: Die Terrine in Scheiben schneiden und mit
Feldsalat auf Teller anrichten.

WIEDENSAHLER
HÄRINGSKARTOFFELN

750 g geschälte Kartoffeln
200 g Schmand
2 Eier
500 g Matjesfilets (ca. 6 Matjes-Doppelfilets)
40 g Butter
85 g Semmelbrösel
Salz
Pfeffer

*

Die Kartoffeln in Scheiben schneiden und die Hälfte in eine feuerfeste gebutterte Form füllen. Darauf die gewürfelten Matjesfilets legen und mit den restlichen Kartoffelscheiben belegen. Die Eier mit dem Schmand verrühren, abschmecken und über die Häringskartoffeln gießen. Die Butter verflüssigen, die Semmelbrösel einrühren und über die Kartoffeln streichen. Nun die Form bei 180°C im Ofen ca. 1 Stunde knusprig braun backen.

„Pudding," sprach er, „ist mein Bestes"

Allerlei Leckereien zum guten Schluß

Nun runden wir all das, was wir bisher an Busch'schen Eßgewohnheiten und Rezepten erfahren haben, ab mit einem guten Nachtisch. Dazu eignet Süßes sich allemal. Auch Obst spielt im Dessert-Speiseplan des Niedersachsen wie auch in seinem Werk und in seinen Briefen eine wichtige Rolle.

„Hier schicke ich euch ein Rezept zu dem *Obstpudding* für die Mama," schrieb er am 21.8.1871 an Nanda und Letty Keßler in Frankfurt. „Sie soll ihn aber auch recht bald zurecht machen; und dann schreibt mir aber auch recht bald, ob er Euch gut geschmeckt hat." Und hier das gereimte Rezept:

Wie man Obstauflauf macht

Erst wasche Dich und schneuze Dich.
Und bist Du dann fein säuberlich,
So hole Dir mit leichtem Schritte
Die Pflaumen- und die Apfelschnitte
(Jedoch mit Andacht und Gefühl).
Dann koche sie und stell sie kühl.

Jetzt nimm von Millich ein Quartier,
Von Stärkemehl der Lothe vier,
Von Eiern sechse an der Zahl;
Als Würze nimm Zitronenschal
Und Zucker auch und auch Vanille
Nach dem Geschmacke der Familie.

Zwei Drittel Milch stell auf das Feuer
Mit dem Gewürz. - Das Gelb der Eier,
Die Stärke und den Rest der Millich
Rühr' durcheinand, wie's recht und billig.
Doch vom gesammten Eierweiß
Schlag steifen Schnee mit Kunst und Fleiß.

Nun thu zur Milch, die auf dem Feuer,
Den Brei der Stärke, Milch und Eier.
Und wenn's gekocht ein paar Minuten,
So heb' es von des Feuers Gluthen
Und rühre noch mit Seelenruh
Die Hälfte von dem Schnee hinzu.
Dies Alles gieße flink und flott
Auf das bewußte Obstcompott.

Und ist dann die Geschichte kalt,
Und geht's zu Tisch, so streiche halt
Mit einem Meßer sanft und lieb
Den Schnee darauf, der übrig blieb.
So - jetzt wären wir so weit!
Noch Zimt und Zucker draufgestreut.
Und nun an's Werk voll Kraft und Muth!
Ei, zapperment, wie ist das gut!!

Beeren aller Art werden in den Pfarrgärten von Wiedensahl und Mechtshausen in reichlichem Maß geerntet. Und so berichtet Busch in Briefen an den Freund Erich Bachmann, an Nanda und Letty Keßler, aber auch an Hermann Nöldeke immer erneut von wahren Rekordernten an *Erdbeeren.*

Da ist mehrfach von hundert Pfund und mehr Ertrag die Rede, die im besonders ergiebigen Gartensommer 1904 in Mechtshausen anfallen: „Wenn ich sie genieße, denke ich an die guten Tage in Frankfurt zurück." (29.7.1906). Auch Himbeeren und Johannisbeeren gab es oft in solchem Überfluß, daß man sie „maßenhaft frisch vertilgt oder für die Dauer luftdicht in Gläser petschiert." (An Nanda Keßler, 21. 7.1903).

Aus Wiedensahl meldete der gärtnernde Einsiedler dagegen besonders reichhaltige Brombeerernten, für deren rankende Sträucher man dort eigens ein an Stangen befestigtes Drahtgitterwerk anlegte: „Die Ernte ist vortrefflich gelungen; auch speziell unsere Brombeererndte, wobei alle Hände beschäftigt und zerkratzt werden." (An Hermann Nöldeke, 26.8.1884). Darüber hinaus berichtet er diesem Neffen von einer Notiz über Rhabarber-Zubereitung, die er in der „Kölnischen Zeitung" entdeckt hatte: „Es soll sich daraus ein ganz ausgezeichneter Wein bereiten laßen." (August 1890).

Beinahe hätt' er ihn! — Doch ach!
Der Ast zerbricht mit einem Krach.

In schwarzen Beeren sitzt der Fritze,
Der schwarze Vogel in der Mütze.

Vom Unglücksraben „Hans Huckebein" war schon in anderem Zusammenhang die Rede, dem naschsüchtigen Vogel, den der Knabe Fritz in freier Wildbahn mit Hilfe seiner Kappe einfängt. Dabei will es freilich das Geschick, daß Fritz im Eifer der Rabenjagd mitsamt dem abbrechenden Ast im Korb der gerade eingesammelten „schwarzen Beeren" (Heidelbeeren, auch Bickbeeren genannt) landet, die die Tante Lotte als Dessert über alles liebt: „Nichts Schönres gab's für Tante Lotte / Als schwarze Heidelbeerkompotte / Doch Huckebein verschleudert nur / Die schöne Gabe der Natur."

Ehe noch Fipps der Affe in der bekannten Bildergeschichte, die seinen Namen trägt, mit seinem Zugriff das beim Nachtisch genießerisch vereinigte Paar überrascht, preist Adeles Verehrer das süße, dampfende Kunstgebilde:

Dämmrung war es, als Adele
Mit dem Freunde ihrer Seele,
Der so gerne Pudding aß,
Traulich bei der Tafel saß.

„Pudding", sprach er, „ist mein Bestes!"
Drum zum Schluß des kleinen Festes
Steht der wohlgeformte große
Pudding mit der roten Soße
Braun und lieblich duftend da,
Was der Freund mit Wonne sah.

Aber, ach du meine Güte,
Plötzlich stockt das Herzgeblüte.

Angelockt von Wohlgerüchen,
Hat sich Fipps herbeigeschlichen,
Um mit seinen gier'gen Händen
Diesen Pudding zu entwenden,
Hergestellt mit grossem Fleiß.

Schließlich aber nennen wir unter den Süßspeisen, denen Wilhelm Buschs besondere Vorliebe galt, den *Honig.* Nicht zuletzt auch deshalb, weil er mit der Imkerei durch seinen bienenkundigen Onkel Georg Kleine in Ebergötzen frühzeitig Einzelheiten fachgerechter Bienenzucht kennengelernt hatte.

Kleine war zu seiner Zeit ein berühmter Apistiker (Bienenkundler), der das „Bienenwirtschaftliche Zentralblatt" herausgab. Derart begeistert war Wilhelm Busch von der Imkerei, daß er in seiner ersten Euphorie beschloß, ins Mekka der Bienenzüchter, nach Brasilien, auszuwandern: „Es sollte nicht sein; ich geriet auf andere Bahnen, bin auch niemals Bienenvater geworden; aber die Liebe zur Sache hab ich behalten."

Frucht dieser intensiven Beschäftigung waren nicht nur der Bilderbogen „Die kleinen Honigdiebe" und die liebenswürdig-poesievolle Bildergeschichte „Schnurrdiburr oder Die Bienen" von 1869, sondern auch drei Abhandlungen über Bienen, die 1867/68 in Kleines Zentralblatt erschienen sind. In Buschs Aufsatz „Unser Interesse an den Bienen" findet sich die aufschlußreiche Aufstellung über die damalige Bienenwirtschaft im Hannoverschen:

„Das ehemalige Königreich Hannover zählt allein 300000 Standstöcke (siehe Kleine, Die Biene und ihre Zucht), welche ein Grundkapital von 1500000 Taler mit 100 Prozent, oder 30000000 Taler mit 5 Prozent Zinsen repräsentieren. Nehmen wir nun bescheidentlich an, daß jeder Mutterstock zwei Schwärme gibt und jeder Schwarm 15 Pfund Honig, so liefern jene 300000 Standstöcke jährlich 9000000 Pfund Honig. Eine 10 Zoll breite und 2 Zoll hohe Stäbchenwabe enthält aber 1 Pfund Honig, und Hannover zählt etwa 2000000 Einwohner. Wollen wir nun einmal freigebig sein und all diese Süßigkeiten unter die Bewohner des Landes verteilen, so können wir männiglich eine recht hübsche anständige Wabe von mehr als 8 Zoll Länge und 10 Zoll Breite in die Hand geben, wozu wir denn auch freundschaftlichst besten Appetit wünschen."

Im 8. Kapitel von „Schnurrdiburr oder Die Bienen" versucht es der listige Eugen, sich des wohlverwahrten Honigtopfes von Hans Dralle zu bemächtigen - mit Erfolg, wie man am Ende sehen wird:

Man sollte denken, daß nach allen
Verdrüssen, welche vorgefallen,
Am Ende dieser gute Knabe
Vor Süßigkeiten Abscheu habe!
Ach nein! — Schon spekuliert der Tropf
Auf Vater Dralles Honigtopf,
Der, wie er weiß, auf einem Brett
Dicht über dessen Bette steht [...]

Bald drauf sitzt der Eugen zu Haus
Und schleckt den Topf voll Honig aus.

*

Es flog einmal ein muntres Fliegel
Zu einem vollen Honigtiegel.
Da tunkt es mit Zufriedenheit
Den Rüssel in die Süßigkeit.
Nachdem es dann genug geschleckt,
Hat es die Flüglein ausgereckt
Und möchte sich nach oben schwingen.
Allein das Bein im Honigseim
Sitzt fest als wie in Vogelleim.
Nun fängt das Fliegel an zu singen:
Ach, lieber Himmel, mach mich frei
Aus dieser süßen Sklaverei!

Ein Freund von mir, der dieses sah,
Der seufzte tief und rief: Ja, ja!
(„Kritik des Herzens")

BROMBEER-QUARKTORTE

Für den Teig
2 Eier
100 g Zucker
100 g Mehl
1 Teelöffel Backpulver

Für den Belag
500 g Brombeeren
250 g Quark
250 g Schlagsahne
1 Teelöffel Vanillinzucker
150 g Zucker
6 Blatt Gelatine
Saft von 2 Zitronen

✳

Die Eier trennen und das Eiklar mit 2 Eßlöffel Wasser steif-
schlagen. Nach und nach den Zucker einrieseln lassen und
die Eigelbe unterziehen. Anschließend das gesiebte Mehl
und Backpulver unterheben. Die Masse in eine gefettete
Springform (26 cm) füllen und im vorgeheizten Backofen bei
175°C ca. 20 Minuten backen.

✳

Den Quark mit dem Zucker, Vanillinzucker und dem Zitronensaft verrühren und die eingeweichte und aufgelöste
Blattgelatine unterrühren. Nun die geschlagene Sahne
unterheben. Die Brombeeren auf dem abgekühlten Boden
verteilen und mit der Quarkmasse übergießen. Ca. 5
Stunden kühlen.

Halbgefrorenes von Salbei-Honig mit Erdbeeren

2 Eier
2 Eigelbe
20 g Zucker
80 g Salbeihonig
300 g geschlagene Sahne
400 g Erdbeeren
Zucker
2 cl Amaretto

*

Die Eier, Eigelbe, Zucker mit dem Salbeihonig über Wasserdampf aufschlagen, bis es eine dickliche Masse ergibt. Danach kaltrühren und die geschlagene Sahne unterheben. In Förmchen füllen und ca. 4 Stunden gefrieren.

*

Die Erdbeeren waschen, halbieren, zuckern und mit dem Amaretto abschmecken. Das Salbeihonig-Halbgefrorene aus der Form stürzen und mit den marinierten Erdbeeren auf Teller anrichten.

„Aber schon mit viel Vergnügen Sehen sie die Brezeln liegen"

Beliebtes Knabbergebäck, süß oder salzig

Im Jahrbuch 1984 der Wilhelm-Busch-Gesellschaft wird von einem bemerkenswerten Fund berichtet, der in unserem thematischen Zusammenhang besonders interessiert. Bei einem Landwirt im Solling entdeckte man ein altes Kochbuch. „Es stammt von einer Verwandten, die zur Familie Erich Bachmanns gehörte, des langjährigen Freundes von Wilhelm Busch: ,Das Kochbuch ist teilweise in einer Zeit entstanden, in der Wilhelm Busch bei der Familie Bachmann wirklich lustige Tage verlebte'... Es zeigt durchgehend eine Handschrift. Nach mündlicher Überlieferung ist die Vermutung nicht unberechtigt, daß sie (die Rezepte) von Wilhelm Busch in das Buch eingetragen worden sein könnten." Unter den Nummern 14 bis 18 der Handschrift werden fünf Rezepte für die Zubereitung von Kuchen aller Art mitgeteilt.

14.
Teekuchen.

Von 7 Eiern das Gelbe mit $^1/_2$ *Pfd.* Zucker, gestoßenem Kaneel [Zimt bester Qualität] und etwas Zitronenschale $^1/_2$ Stunde gerührt, dann $^1/_2$ *Pfd.* feines Mehl, von 1 Ei das Weiße zu Schaum geschlagen. Rühre alles wohl durcheinander, dann mit einem Löffel auf eine Plate gestrichen und schnell gelb gebacken.

15.
Rosinenkuchen.

1 *Pfd.* Butter ohne Salz, 1 *Pfd.* Mehl, $^3/_4$ *Pfd.* Rosinen, $^1/_2$ *Pfd.* Korinthen, 20 Eier $^1/_2$ *Pfd.* Zucker. Die Butter wird zu Schaum gerührt, das Gelbe der Eier dazugetan, wie auch der durchgesiebte Zucker, zusammen $^1/_2$ Stunde gerührt; die Rosinen einige Male durchgesiebt, diese mit den Korinthen langsam dazu eingerührt, von 1 Zitrone die Schale fein abgerieben, etwas Kaneel, auch Kardemomen [Kardamom: Ingwergewächs], zuletzt das

14.

Theebäcken.

Von 7 Eier die Gelbe mit ½ ℔ Zucker, gestoßenen Zaneel
und etwas Zitronenschale ½ Viertel gerührt, dann ½ ℔ feines
Mehl, von 5 Eier die Klaire zu Schaum geschlagen. Küsse alles
wohl durcheinander, etwas mit einem Löffel auf ein Blech
gestrichen und schnell gelb gebacken.

15.

Rosinenküchen.

1 ℔ Butter ohne Salz, 1 ℔ Mehl, ¾ ℔ Rosinen, ½ ℔ Korinth
20 Eier ½ ℔ Zucker. Die Butter wird zu Schaum gerührt,
das Gelbe der Eier dazugethan, wie auch das durchgesiebte Zucker, zusammen ½ Stunde gerührt; die Rosinen
einige Male durchgesiebt, diese mit den Korinthen langsam dazu eingerührt, von 1 Eier wird die Schale fein abgerieben, etwas Zaneel, auch Cardamom, zuletzt
die Klaire der Eier zu Schaum geschlagen und noch ein
Mal durchgerührt. Es muß in einer Form 3 Stunden
gebacken werden, mit dem Draht eingestochen und
so lange mit Zucker aufgelegt werden bis es gehörig
gezuckert.

16.

Echte Windbeutel.

8 Löffel Mehl, 8 Loth Butter, 8 Löffel Wasser, 4 Eier; das
Wasser und die Butter müssen zusammen kochen, davon
wird das Mehl in die Pfanne hineingethan und man
und dann die gerührten Eier, nach und nach hineingerührt, dann
wie ein Wallnuß groß auf ein Blech gelegt und nachdem das Brot herausgezogen ist, hellgelb gebacken.

129

Weiße der Eier zu Schaum geschlagen und nur ein Mal durchgerührt. Es muß in einer Form 3 Stunden gebacken werden, mit dem Brodte eingeschoben und so lange ein Deckel [?] aufgelegt werden bis er gehörig gestiegen ist.

16.
Echte Windbeutel.

8 L[o]th Mehl, 8 Loth Butter, 8 L[o]th Wasser, 4 Eier; das Wasser und die Butter müßen zusammen kochen, dann wird das Mehl in das Kochende hineingetan und dann die ganzen Eier nach und nach hineingerührt, dann wie eine Wallnuß groß auf eine Plate gelegt und nachdem das Brod herausgezogen ist, hellgelb gebacken.

17.
Waffeln von saurem Flott*

Man nehme von 6 Eiern das Gelbe, 10 gute Löffel voll saueren Flott, 6 Löffel voll feines Weizenmehl; Zucker, Kaneel und Muskatblüte nach Geschmack. Dieses Alles zusammen gerührt. Das Eiweiß von obiger Maße zu Schnee geschlagen, dazugerührt und dann hellbraun gebacken.

* niederdeutsch für Milchrahm

18.
Flottkuchen.

1 *Pfd.* Butter, das Gelbe von 4 Eiern, 2 Obertaßen voll saueren Rahm, Mehl nach Gutdünken. Die Butter wird, wenn der Teig fertig ist, hineingeknetet, dann werden kleine Kuchen geformt, auf Blechplatten gelegt und mit Butter bestrichen. Man kann auch etwas Apfelmus darauf thun oder mit Zucker bestreuen und dann in dem Backofen gelbbraun gebacken.

Brezeln als beliebtes Knabbergebäck, süß oder auch salzig und in letzterer Form gern zum Glas Bier genossen, hatte Wilhelm Busch vor allem in während seiner Münchener Jahr kennengelernt. Sie kehren als begehrtes Objekt des Genusses gleich in mehreren Bildergeschichten wieder.

17.

Waffeln von saurem Flott

Man nehme von 6 Eiern das Gelbe, 10 gute Löffel voll saurem Flott, 6 Löffel voll feines Waizenmehl; Zucker, Zimmet und Muskatblüthe nach Geschmack. Dieses Alles zusammen gerührt. Das Eiweiß von obigen Eiern zu Schnee geschlagen, dazu gerührt und braun gelbbraun gebacken.

18.

Flottküchlein.

1 ℔ Butter, das Gelbe von 4 Eiern, 2 Oberlassen voll feinem Rahm, Mehl nach Gutbefinden. Die Butter wird, ehe der Teig fertig ist, hineingeknetet, davon werden, den kleinen Küchlein geformet, auf Blechplatten gelegt und mit Butter bestrichen. Man kann auch etwas Aepfel mit darauf thun oder mit Zucker bestreuen und dann in dem Backofen gelbbraun gebacken.

19.

Blaue Küchlein.

Man nehme 1 ℔ Butter und rühre ab zu Schnee, thue alsdann von 2 Eiern das Gelbe daran wie auch etwas Cardamomen, Zucker und noch die Hälfte von 1 ℔ Zucker, rühre diese Masse gehörig durch und thue dann 1 ℔ Mehl nach und nach hinzu, forme alsdann die Küchlein zugleich auf das Blech, schlage das Eiweiß von 10 Eiern zu Schnee, bestreiche sie damit nur bestreue sie mit der anderen Hälfte des Zuckers mit Zimmet vermischt und lasse sie gelbbraun backen.

Aber schon mit viel Vergnügen
Sehen sie die Brezeln liegen.
(„Max und Moritz")

Die Mutter sprach: "O Heinrich mein!
Nimm diese Brezen, sie sei dein!"
("Der hinterlistige Heinrich")

Hier sitzt Herr Bartelmann im Frein
Und taucht sich eine Brezel ein.
(„Das Pusterohr")

Einstmals, als sie spazieren gehen,
Sieht man den Hundfänger stehen.
Er lockt den Schnick mit einer Brezen.
Das Fräulein ruft ihn mit Entsetzen.
(„Strafe der Faulheit")

Für Fipps wird es dringende Essenszeit.
Mit fröhlicher Gelenkigkeit
Durch eine Seitengasse entflieht er
Und schleicht in den Laden von einem Konditer.

Da gibt es schmackhafte Kunstgebilde,
Nicht bloß härtliche, sondern auch milde;
Da winken K r a p f e n und Mohrenköpfe,
Künstlich geflochtene Brezen und Zöpfe;
Auch sieht man da für gemischtes Vergnügen
Mandeln, Rosinen et cetera liegen.

„Horch!" ruft voll Sorge Konditer Köck.
„Was rappelt da zwischen meinem Gebäck?"

Die Sorge verwandelt sich in Entsetzen,
Denn da steht Fipps mit Krapfen und Brezen.
Die Brezen trägt er in einer Reih
Auf dem Schwanz, als ob es ein Stecken sei,
Und aufgespießt, gleich wie auf Zapfen,
an allen vier Daumen sitzen die Krapfen.
(„Fipps der Affe")

Dabei ist anzumerken, daß der Begriff Krapfen aus der Backstube des Konditors Köck die süddeutsche Version des beliebten Fettgebackenen darstellt, das in Buschs niedersächsischer Heimat eher unter der Rubrik Berliner, Berliner Pfannkuchen oder auch Prillecken bekannt ist.

Bei Mina Kaulbach geb. Lahmayer, der Ehefrau seines Münchener Malerfreundes Wilhelm von Kaulbach, bedankte sich der stets höfliche und korrekte Wilhelm Busch in einem Brief aus Wiedensahl am 13.6.1879 für das Präsent einer wohlgefüllten Dose mit duftendem Gebäck:

„Liebe Frau Kaulbach!

Die wohlgefüllte Blech- und Freudendose hab ich erhalten. - Meine Schwester ist, eh ich mit den Jungen nach der See gehe, auch ein paar Wochen verreist. Ich bin mit den Spatzen, Staren und unserm guten alten Dortchen gewissermaßen allein in unsrer Hütte. Sitz' ich dann mittags so da und mache die Flasche auf und hole mir was aus der Dose, dann wird es wohl erlaubt, ja unvermeidlich sein, sich mit Dankbarkeit einer liebenswürdigen Frau zu erinnern, welche nach der Seite wohnt, die ich allen Grund habe, die „Sonnenseite" zu nennen.

Seien Sie überzeugt, daß ich stets bin Ihr ergebenster Wilh. Busch"

Aus Buschs Briefen erfahren wir, daß, je nach Erntezeit, bald *Zwetschen-*, bald *Pflaumenkuchen* in der Bäckerei der Pfarrhäuser zubereitet werden, wobei *Apfelkuchen* auch scherzhaft den Beinamen „Pastorentorte" erhielt. Hohe Zeit der Hausbäckerei waren die Tage um Ostern („In der schönen Osterzeit / Wenn die frommen Bäckersleut / Viele schöne Zuckersachen / Backen und zurechte machen..." Max und Moritz), vor allem aber auch die Weihnachtszeit.

Beim Backen des weihnachtlichen Festgebäcks durften sich die Kinder des Neffen Otto Nöldeke betätigen. Dies erwähnt Wilhelm Busch in einem seiner letzten Briefe : „Unsere Kinder allhier sind munter und thätig. Heut waren sie kaum zu sprechen. Sie backten Honigkuchenplätzchen für Weihnachten." (An Nanda Keßler, 14.12.1907)

Um solcherlei phantasievoll geformte Plätzchen geht es auch im Briefgedicht an Letty Keßler vom November 1871:

Du bist mein liebes, gutes Mädchen!
Drum sollst du auch mit in's Brüderlädchen! —
Ha! Meister Jost! Nun brenn'st du mir
Für dieses kleine Nadamufa hier
Mehl Herzzapfen, die nicht knarzen,
Nebst gut vorgehenden Bürwatergen;
Chorsingen und wenn sie wohl auch;
Nicht wie sie bei bösen Menschen Gebrauch,
Nein' solche, wie sie ungekränkt
Ein Freund an seine Freundin schenkt. —

Denn soll sie ferner Herzen haben —
— Recht viel — die alle zärtlich kennen,
Und so, daß, bricht wohl auch entzwei,
Es drum kein großer Schaden sei. —

Jetzt hätt' ich auch gern in neuer Reih'

Lieben Freundinnen, schlank und wenn;

Frankfurt a/M
1871.

Du bist mein liebes, gutes Mädchen!
Drum sollst Du auch mit in's Bäckerlädchen! -

He! Meister Jost! Nun back' Er mir
Für dieses kleine Madamche hier
Mal Katzepfote, die nicht kratzen,
Nebst gut verzuckerten Bärentatzen;
Ohrfeigen nennt man sie wohl auch;
Nicht wie sie bei bösen Menschen Gebrauch,
Nein! solche, wie sie ungekränkt
Ein Freund an seine Freundin schenkt. -

Denn soll Er ferner Herzen backen -
- Recht viel - die alle zärtlich knacken,
Und so, daß, bricht mal eins entzwei,
Es drum kein großer Schaden sei. -

Jetzt hätt' ich auch gern in einer Reih'
Sieben Freundinnen, schlank und treu;
So welche, die sich ewig lieben.
Und keine neidisch von den sieben . . -

Und nun, Meister Jost, noch'n nettes Männche
Mit freundlichen Mienen
Und piffigen Augen von Rosinen,
In der Hand ein Kännche
Mit'me gute Weinche,
So steht das Männche auf einem Beinche.

Aber, Meister Bäcker, das sag ich Ihm gleich,
Nehm Er mir ja vom besten Teig! -
So! - Nun hol Er noch Plätzcher geschwind,
Die schönsten, die nur zu finden sind,
Und thu Er mir all die Herrlichkeit
In die Tute der stillen Zufriedenheit! -
Hier, liebes Kind! Jetzt sei hübsch klug!
Ich denke, Du hast nun „G u t s" genug!

Dieses schrieb für seine liebe Letty mit der unauslöschlichen
Dinte der Freundschaft
der gute Onkel
                                        Wilhelm Busch.

APFELKUCHEN
MIT WEIN-PUDDING

für den Teig
250 g Mehl
100 g Margarine
1 Ei
3 Eßlöffel Zucker
1 Teelöffel Backpulver

*

Den Teig in einer Springform verteilen, dabei auch den
Rand hochziehen, dann auf den Teig die Apfelspalten von
1 kg Äpfeln verteilen.

*

$1/2$ l Weißwein mit $1/2$ l Apfelsaft und 200 g Zucker und
1 Teelöffel Vanillinzucker erhitzen. Den Inhalt von 2 Päckchen Vanillepudding anrühren und in die Flüssigkeit
geben, kurz aufkochen. Den fertigen Pudding noch lau-
warm über die Äpfel geben und 1 Stunde bei 180°C bis
200°C backen. Erst wenn der Kuchen ganz abgekühlt ist,
aus der Form nehmen.

Marzipan-pflaumenkuchen

1 kg Pflaumen
125 g Butter
125 g Zucker
100 g Marzipanrohmasse
3 Eier
4 cl Amaretto
4 Eßlöffel Milch
250 g Mehl
$^1/_2$ Päckchen Backpulver
Margarine zum Einfetten

✳

Die Pflaumen waschen, entsteinen und vierteln.
Für den Rührteig Butter und Zucker schaumig rühren. Das
Marzipan in kleine Stücke schneiden, die Buttermasse
zufügen und glattrühren. Nach und nach die Eier zufügen,
Amaretto und Milch dazugeben und anschließend das gesiebte Mehl und Backpulver einrühren. Den Rührteig in eine
gefettete Springform (24 cm) füllen und glattstreichen.

✳

Die geviertelten Pflaumen dicht an dicht in den Teig stecken
und im vorgeheizten Backofen bei 170°C ca. 60 Minuten
backen.

Lob des singenden Kaffeekessels

Anregendes und Aufmunterndes
bei allerlei Gelegenheiten

Kaffee und Tee, zum Frühstück, zur Nachmittags-
stunde oder zum Abschluß eines guten Mahles genossen, haben im Leben und Werk von Wilhelm Busch
einen gewissen Stellenwert, obwohl der Trank damals weit
eher als heute durchaus als Luxus galt.

Eines Morgens tat sich der Dichter statt des gewohnten
Stückchens Zucker ein zweites und schließlich gar ein drittes
in die Kaffeetasse. „Was hast du denn heute mit dem Zucker,
Wilhelm?" machte seine Schwester ihn aufmerksam.
„Richtig, den habe ich ganz vergessen," antwortete Busch
völlig zerstreut und ... tat sich ein viertes Stück in das
Getränk, das damit natürlich nahezu ungenießbar wurde.

In einem Brief nach Frankfurt beklagte er den schlechten
Kaffee, den man ihm auf der Heimreise nach Wiedensahl
serviert hatte: „...Und ich dachte mir, wenn die Nanda und
Letty heut in der Früh aufstehen, die können lachen, die
kriegen was Beßres; denn das muß man doch sagen, daß die
Mama wirklich einen sehr guten Kafé machen, bereiten und
einschenken thut" (14.7.1873).

In seinem Essay „Ein Tag wie alle andern aus dem Leben
eines Junggesellen" vom 8.2.1851 preist der Verfasser geradezu poetisch das Zeremoniell des morgendlichen Kaffee-
trinkens:

„Eins, zwei! Es hat halb acht geschlagen. Der Morgen bricht
trübe durch die Kammerfenster; an Sonnenstrahlen ist
wegen der rings aufsteigenden Häuser natürlich nicht zu
denken. Wir können demnach ungeniert unsere Äuglein
aufschlagen, ohne geblendet zu werden; und so geschieht es
denn auch. Nun könnte man so auf den ersten Augenblick
glauben, wir würden nicht den geringsten Versuch machen,
sie wieder zu schließen. Aber weit gefehlt! Wir streichen sie
noch einmal recht herzhaft und schwelgen in äußerst behag-
licher Bettwärme, bis etwa 10 Minuten verflossen sind. Dann

So wären denn Knoppens also mal
Ohne weibliches Dienstpersonal,
Und morgens in früher Dämmerung
Hat Knopp eine schöne Beschäftigung
(„Herr und Frau Knopp")

öffnet sich leise und schüchtern die Kammertür; es ist Johann, unser Kammerdiener, welcher hereintritt, zwischen den Stiefeln herumwühlt und endlich mit vieren derselben verschwindet, wie er gekommen. Jetzt ist die Zeit herangenaht, wo wir unsere horizontale Lage verlassen und plötzlich perpendikulär mit bloßen Beinen und struppigem Haar vor dem Bette stehen. Dann haben wir nichts Eiligeres zu tun, als zunächst in die Pantoffeln, darauf in die Hosen und schließlich in den Schlafrock zu fahren. Ist solches geschehen, so eilen wir in die Stube, weil wir recht gut wissen, daß sich dort ein Ofen befindet, der uns einen äußerst warmen Empfang bereitet. Das Wasser in der Kaffeemaschine ist bereits heiß, und das haben wir niemandem anders als unserem guten Johann zu verdanken, der es schon vor unserer Auferstehung in die Ofenröhre gestellt hat. Unsere Leistungen zeigen sich nun in ihrem schönsten Lichte. Die Spirituslampe wird angezündet, und alsobald fährt eine musikalische Regung in den sonst so stillen Kaffeekessel, welcher ganz leise zu singen anfängt. Bei diesen behaglichen Tönen zünden wir die Pfeife an und ordnen vorläufig unser noch ganz struppiges Haar. Das Wasser hat angefangen, heftig zu kochen; es wird jetzt allmählich auf jenes braune Pulver geschüttet, was man im gemeinen Leben gemahlenen Kaffee zu nennen pflegt, und es währt nicht lange, so verbreitet sich ein lieblicher Duft im ganzen Zimmer, vermischt sich mit dem Tabaksdampf und bildet auf diese Weise ein Aroma, welches, ich darf es kühn behaupten, unsere langen hausbackenen resp. schiefen Nasen vorziehen werden, trotz Weihrauch und Myrrhen."

Seine holländische Brieffreundin Maria Anderson hatte Busch versprochen, ihm Tee von jener erstklassigen Sorte zu besorgen, wie man ihn in Amsterdam bevorzugte. Um diesen zu beziehen, hatte Frau Anderson sich zunächst an die Lebensgefährtin und spätere Ehefrau des Dichters Matatuli*) gewandt. Da aber dort die Besorgung offenbar vergessen worden war, kaufte Maria selbst den Tee und schickte ihn unverzüglich nach Wiedensahl.

Dort philosophierte Wilhelm Busch in Erwartung der angekündigten Sendung:

„Dem Thee hatt' ich so allnachgrade eine zarte platonische Liebe gewidmet. Ich sagte mir: Fürwahr! ein guter Thee, ein ausgezeichneter Thee, der schönste Thee von der Welt. Nur schade, daß er bereits gekocht und getrunken wurde vor zwei drei tausend Jahren von der reizendsten Kaisertochter im himmlischen Reiche der Mitte." (11. 5.1875)

Wenige Tage später bestätigte er der Freundin, mit der er sich in einer beiderseits enttäuschenden Begegnung 1875 in Mainz getroffen hatte, den Eingang des holländischen Teepaketes: „Der Thee ist da; und noch heute Abend soll, wie sich's gebührt, der Spenderin ein seelenvolles Rauch- und Trank- und Dankopfer in aller Ehrfurcht dargebracht und gewidmet werden." (An Maria Anderson, 22.5.1875)

---

* Pseudonym für Eduard Douwes Dekker,Verfasser des niederländischen Kultromans „Max Havelaar"

„Rotwein ist für alte Knaben
Eine von den besten Gaben"

Ein Lob des Pfälzers und anderer Provenienzen

Während Wilhelm Busch in seinen jungen Jahren, vor allem freilich in der Münchener Sturm-und-Drang-Zeit und dort infolge des ständigen Ansporns durch die Freunde aus dem Künstlerverein Jung-München dem Bier zusprach, wandelte sich sein Geschmack mit zunehmendem Alter. So begleitete Wein unseren Künstler bis in seine späten Jahre: „Alle vierzehn Tage vielleicht leere ich mein halbes Fläschchen, lobe stillvergnügt den Pfälzer und freue mich, daß es in deutschen Landen solch vorzüglichen Wein gibt - aber laut darüber zu singen mag ich nicht."

Sowohl zu seinem 70. als auch zum 75. Geburtstag schickte ihm sein Münchener Verleger Otto Bassermann jeweils eine großzügige Weinsendung. „Es ist eine von den Geburtstagsüberraschungen, die man sich wohl gefallen lassen kann," bedankte sich der Beschenkte brieflich.

Wir verdanken Wilhelm Busch eine Reihe köstlicher Trinklieder aus den Münchener Jahren. Drastisch hat er in seiner Bildergeschichte „Die Haarbeutel" mit seinen treffenden Karikaturen die verschiedenen Zustände des alkoholischen Rausches dargestellt.

Natürlich wußte unser Gourmet genau, wann und wo welcher Wein am besten paßt. Wie zum Beispiel im Kapitel „Freund Mücke" in „Abenteuer eines Junggesellen":

Mücke scheinet da nicht fremd,
Er bestellt, was wohlbekömmt.
Junge Hähnchen, sanft gebraten,
Dazu kann man dringend raten

Und man darf getrost inzwischen
Etwas Rheinwein druntermischen.

Auch in der Bildergeschichte „Der neidische Handwerks-bursch" genießt ein wohlhabender Prasser zum Hähnchen-mahl eine Flasche Wein.

Wilhelm Busch schätzte bei Weißweinen persönlich beson-ders die Provenienzen Deidesheimer und Aßmannshäuser und erwähnte sie des öfteren namentlich. Wenn er dem Rotwein dagegen auch weniger zugetan war, so verdanken wir doch gerade dieser Rebsorte eines der meistgebrauchten Busch-Zitate:

Rotwein ist für alte Knaben
Eine von den besten Gaben:
(„Abenteuer eines Junggesellen")

Während er zur Jahreswende häufig bei seinem Bruder Gustav in Wolfenbüttel nach liebgewordenem Ritual jeweils die Silvesterbowle trank, so sagte er doch auch zu einem Glas Sekt nicht nein: „Ein guter Champagner, wenn's sich grad paßt, und wär's ein Gläschen zu viel; sogar ein scharfer Schnaps oder zwei auf der Bauernkirmes alabonheur!" (An Nanda Keßler, 13.11.1894)

In der Bildergeschichte „Die fromme Helene" bestellt der frischvermählte Georg Schmöck für sich und die angetraute Helene auf ihrer Hochzeitsreise in Heidelberg edlen Champagner. Dabei deutscht Wilhelm Busch in einer Art Vorwegnahme Zillescher Diktion den Namen der auch heute noch existierenden noblen französischen Kellerei Veuve Cliquot auf unbekümmerte Weise ein:

Wie lieb und luftig perlt die Blase
Der Witwe Klicko in dem Glase.

Eine Flasche Wein und dazu ein Römerglas sind neben einer guten Zigarre Attribute einer genußvollen Pause, die sich unser Dichter an der letzten Station seines Lebens, im Pfarrgarten von Mechtshausen am Harz, regelmäßig gönnte. Eine dokumentarische Aufnahme aus dem Jahre 1904 zeigt Wilhelm Busch mit diesen drei Begleitern im getreulichen Verbund. Vier Jahre später, am 9.1.1908, ist der Künstler, um den es in der letzten Lebensspanne stiller geworden war, ohne Leid und Schmerzen von dieser Welt gegangen, die er mit seinem Werk beglückt und bereichert hat bis auf diesen Tag. Auf dem Dorffriedhof von Mechtshausen fand er, betrauert von einer ganzen Nation, seine letzte Ruhestätte.

Sauerbraten von der Hirschkeule mit Rotwein-Rosinensauce

1,2 kg Hirschkeule
70 g Sellerie
70 g Karotten
70 g Zwiebeln
1 l Rotwein
0,1 l Rotweinessig
2 Eßlöffel Tomatenmark
1 Teelöffel Wacholderbeeren
1 Teelöffel Pfefferkörner
2 Lorbeerblätter
1 Thymianzweig
Salz
Öl zum Anbraten
100 g Rosinen

✳

Für die Marinade Sellerie-, Karotten- und Zwiebelwürfel mit
Rotwein und Rotweinessig aufkochen. Die Gewürze dazugeben, die Hirschkeule damit übergießen und 2-3 Tage
darin marinieren.

✳

Die Hirschkeule abtrocknen, salzen und in dem Öl anbraten. Die Gemüse aus der Marinade und das Tomatenmark mitrösten, etwas Marinade angießen und im Ofen ca.
2 Stunden schmoren.

✳

Die Sauce abgießen, die Rosinen dazugeben, abschmecken
und evtl. mit etwas Mehl binden. Die Hirschkeule in
Scheiben schneiden und mit der Rosinensauce übergießen.
Als Beilage Kartoffelknödel und Rotkohl reichen.

Über 149 Seiten lang waren wir zu Gast bei Wilhelm Busch. Wir haben mit ihm gespeist und getrunken, seine Ratschläge und Rezepte erfahren, haben seine Gastro-Kritik mit Schmunzeln zur Kenntnis genommen, uns warnen lassen vor allzu mißbräuchlichem Genuß der Speisen und Getränke. Alles aber, was in fester oder flüssiger Form schließlich im Magen landet, hat auf Grund der menschlichen Anatomie zunächst einmal die Sperre des Mundes zu passieren.

Ihm speziell widmete unser Autor daher ein Gedicht, das er einem Kochbuch voranstellte. Er machte es 1883 Grete Fehlow in Berlin, einer entfernten Verwandten, zum Geschenk und entschuldigte sich mit dieser Gabe für sein Fernbleiben bei ihrer Hochzeitsfeier. Es mag sinnvoll auch der Schlußpunkt unseres Wilhelm-Busch-Kochbuches sein:

Widmung zu einem Kochbuch

Es wird behauptet und mit Grund,
Ein nützlich Werkzeug sei der Mund!
Zum ersten läßt das Ding sich dehnen
Wie Guttapercha, um zu gähnen.
Ach Grete, wenn du dieses mußt,
Tu' es im stillen und mit Lust!
Zum zweiten: wenn es grad von Nöten,
Kann man ihn spitzen, um zu flöten.
Sitzt dann der Schatz auch mal allein,
Dies wird ihm Unterhaltung sein!
Zum dritten läßt der Mund sich brauchen,
Wenn's irgend passend, um zu rauchen.
Dies kannst du deinem guten Gatten,
Der darum bittet, wohl gestatten.
Zum vierten ist es kein Verbrechen,
Den Mund zu öffnen, um zu sprechen.
Vermeide nur Gemütserregung,
Sprich lieber sanft mit Überlegung,
Denn mancher hat sich schon beklagt:
„Ach, hätt' ich das doch nicht gesagt!"
Zum fünften, wie wir alle wissen,
So eignet sich der Mund zum Küssen.

Sei's offen oder sei's verhohlen,
Gegeben oder nur gestohlen,
Ausdrücklich oder nebenher,
Beim Scheiden oder Wiederkehr,
Im Frieden und nach Kriegeszeiten:
Ein Kuß hat seine guten Seiten!
Zum Schluß jedoch nicht zu vergessen:
Hauptsächlich dient der Mund zum Essen!
Gar lieblich dringen aus der Küche
Bis an das Herz die Wohlgerüche.
Hier kann die Zunge fein und scharf
Sich nützlich machen, und sie darf!
Hier durch Gebrötel und Gebrittel
Bereitet man die Zaubermittel
In Töpfen, Pfannen oder Kesseln,
Um ewig den Gemahl zu fesseln.
Von hier aus herrscht mit schlauem Sinn
Die Haus- und Herzenskönigin.
Lieb's Gretchen! Halt dich wohlgemut,
Regiere mild - und koche gut!

Busch-Biografie in Stichworten

1832	15. April, Heinrich Christian <u>Wilhelm</u> Busch in Wiedensahl geboren als ältestes von sieben Kindern des Kaufmanns Friedrich Wilhelm Busch und Henriette Dorothee Charlotte geb. Kleine
1841	nach Ebergötzen bei Göttingen. Erziehung und Unterricht bei seinem Onkel Pastor Georg Kleine. Beginn der lebenslangen Freundschaft mit Erich Bachmann
1846	Umzug von Ebergötzen nach Lüthorst
1847	Schüler am Polytechnikum Hannover
1851/52	Studium an der Kunstakademie Düsseldorf
1852/53	Studium an der Kgl. Akademie der Schönen Künste in Antwerpen
ab 1854	München. Aufnahme in die Akademie und im Künstlerverein Jung-München. Mitarbeit an den „Fliegenden Blättern" und „Münchener Bilderbogen"

1865 Max und Moritz, erschienen im Verlag Caspar Braun, München

1865/70	Reisen von Wiedensahl aus (München, Frankfurt, Wolfenbüttel usw.)

1867 Erster Besuch im Hause des Bankiers Keßler in Frankfurt am Main, lebenslange Freundschaft mit Johanna Keßler und deren Töchtern Ferdinande (Nanda) und Lätitia (Letty).

1869 eigener Haushalt und Atelier in Frankfurt

1870/98	zumeist in Wiedensahl im Haushalt seiner Schwester Fanny Nöldeke, zunächst im Pfarrhaus, ab 1878 im Pfarrwitwenhaus. Hier entstehen die meisten der großen Bildergeschichten, u.a.

1872 Die fromme Helene

1875 Abenteuer eines Junggesellen

1883 Balduin Bählamm, der verhinderte Dichter

1884 Maler Klecksel

1898	Übersiedlung mit Schwester Fanny nach Mechts-

hausen am Harz, Wohnung im Haushalt des Neffen Otto Nöldeke

1908   9. Januar, Wilhelm Busch in Mechtshausen gestorben

Also geht alles zu Ende allhier;
Feder, Tinte, Tobak und auch wir.

Zum letztenmal wird eingetunkt,
Dann kommt der große schwarze

Literatur

Ackerknecht Erwin: Wilhelm Busch als Selbstbiograf. Fr. Bassermannsche Verlagsbuchhandlung München, 1949

Anlauf Karl: Der Philosoph von Wiedensahl. Büchergilde Gutenberg Berlin, 1939

Bohne Friedrich: Wilhelm Busch, Leben-Werk-Schicksal. Fretz & Wermuth Verlag, Zürich und Stuttgart, 1958

Bohne Friedrich: (Hrsg)Wilhelm Busch, Sämtliche Briefe. Band 1: 1841-1892, Band 2: 1893-1908. Wilhelm-Busch-Gesellschaft, Hannover, 1969

Bohne Friedrich: (Hrsg) Was ich ergötzlich fand. Das unbekannte Zeichen-Werk von Wilhelm Busch. Friedrich-Bassermann Verlag, München, 1961

Busch Wilhelm: Sämtliche Werke, hrsg. Otto Nöldeke, 8 Bände, Verlag Braun und Schneider, München , 1943

Busch Wilhelm: hrsg. Rolf Hochhuth. Band 1: Und die Moral von der Gechicht; Band 2: Was beliebt, ist auch erlaubt. C. Bertelsmann Verlag Gütersloh, 1959

Busch Wilhelm: Wilhelm Busch einmal anders gesehen. Deutscher Sparkassen- und Giroverband, Bonn, 1959

Busch Wilhelm: Wilhelm Busch als Zeichner nach der Natur. Ausstellungskatalog Wilhelm-Busch-Museum, Hannover 1982

Busch Wilhelm: Wilhelm-Busch-Jahrbuch, Jg. 1947-1996, Wilhelm-Busch-Gesellschaft, Hannover

Gehre Ulrich: Wilhelm Busch und der Wein, in Die lustige Weinsprache, Verlag D. Meininger, Neustadt an der Weinstraße, 6. Aufl., 1963

Gehre Ulrich: Wilhelm Busch und der Wein. Verlag SCHNELL Buch & Druck, Warendorf, 1995

Gehre Ulrich: Essen und Trinken bei Wilhelm Busch, Verlag SCHNELL Buch & Druck, Warendorf, 1995

Grasdorf Erich: und Pia Gruber: Das Wilhelm-Busch-Kochbuch. AT Verlag Aarau/Schweiz, 1995

Stengel Hans: Mit Wilhelm Busch in Küche und Keller. Droste-Verlag Düsseldorf, 1986

Rezeptregister

Suppen
23, 29, 32, 63, 64

Vorspeisen
22, 54, 59, 70, 71

Gemüse, Salate
16, 17, 30, 38, 107

Fleisch
24, 44, 72, 149

Wild und Geflügel
76, 77, 90, 91

Fisch
115, 116, 117, 118

Dessert
37, 39, 45, 101, 102, 104, 126, 127

Torte, Kuchen
100, 139, 140

Wilhelm Busch für alle Lebenslagen

Wilhelm Busch und der Wein

Rotwein ist für alte Knaben eine von den besten Gaben.

Ulrich Gehre

SCHNELL

Essen und Trinken bei Wilhelm Busch

Daß sie von dem Sauerkohle eine Portion sich hole.

Ulrich Gehre

SCHNELL

Ärzte, Apotheker, Patienten bei Wilhelm Busch

Drei Wochen war der Frosch so krank! Jetzt raucht er wieder, Gott sei Dank!

Ulrich Gehre

SCHNELL

Musiziert mit Wilhelm Busch

Ein gutes Tier ist das Klavier.

Ulrich Gehre

SCHNELL

Schulmeister und Schüler im Klassenzimmer von Wilhelm Busch

Also lautet ein Beschluß, daß der Mensch was lernen muß.

Ulrich Gehre

SCHNELL

Verliebte, Freier, Eheleute – beobachtet von Wilhelm Busch

Liebe – sagt man schön und richtig – ist ein Ding, was äußerst wichtig.

Ulrich Gehre

SCHNELL

Herausgeber: Ulrich Gehre; jeder Band 16,80 DM

Geschenkbändchen für alle Anlässe

**Wilhelm Busch über alles,
was da kreucht und fleugt**

*Der Fips, das darf man wohl gestehn,
ist nicht als Schönheit anzusehn.*

Ulrich Gehre

⅔ SCHNELL

**Glückwünsche, Reime
und Sinnsprüche
von Wilhelm Busch**

*Geld läßt von Herzen allein uns gönnen
so viel die Esel nur tragen können.*

Ulrich Gehre

⅔ SCHNELL

**Schreiberlinge und Poeten -
vorgestellt von Wilhelm Busch**

*Wie wohl ist dem, der dann und wann
sich etwas Schönes dichten kann.*

Ulrich Gehre

⅔ SCHNELL

**Beamte und Advokaten
beobachtet von Wilhelm Busch**

*Dem Herrn Inspektor tut's so gut,
wenn er nach Tisch ein wenig ruht.*

Ulrich Gehre

⅔ SCHNELL

**Frisch gezapft
bei Wilhelm Busch**

*Die erste Pflicht der Musensöhne
Ist, daß man sich ans Bier gewöhne.*

Ulrich Gehre

⅔ SCHNELL

**Wilhelm Busch
im blauen Dunst**

*Man zündet sie behaglich an,
setzt sich bequem und raucht sodann*

Ulrich Gehre

⅔ SCHNELL

96 bzw. 120 Seiten Inhalt; gebunden; 14 x 14 cm

EIN LITERARISCHES KOCHBUCH

BOCKHOLT · FRAUENBERGER

13,5 x 21 cm, 160 S., geb., 24,80 DM